TODO DIA É NATAL

PAPA FRANCISCO

TODO DIA É NATAL

Mensagens e orações para cultivar o espírito
natalino durante o ano todo

Reunido e editado por Natale Benazzi

Tradução de Clara A. Colotto

Copyright © 2016 Libreria Editrice Vaticana, Città del Vaticano
© 2016 Edizioni Piemme S.p.A., Milano
Tradução para a Língua Portuguesa © 2017 Casa da Palavra/LeYa, Clara A. Colotto
Título original: È Natale tutti i giorni

Todos os direitos reservados e protegidos pela Lei 9.610, de 19.2.1998.
É proibida a reprodução total ou parcial sem a expressa anuência da editora.

Revisão de tradução
DANIELA VERSIANI

Revisão
BÁRBARA ANAISSI

Capa e projeto gráfico
LEANDRO DITTZ

Diagramação
FILIGRANA

Foto de capa
FRANCO ORIGLIA/GETTY IMAGES

Dados Internacionais de Catalogação na Publicação (CIP)
Angélica Ilacqua CRB-8/7057

Francisco, Papa, 1936-
    Todo dia é Natal / Papa Francisco ; reunido e editado por Natale Benazzi; tradução de Clara A. Colotto. – Rio de Janeiro: LeYa, 2017.
    160 p.

    ISBN 978-85-441-0653-2
    Título original: È Natale tutti i giorni

    1. Catolicismo 2. Religião e sociologia 3. Natal – Mensagens 4. Orações I. Título II. Benazzi, Natale III. Colotto, Clara A.

CDD 248.4

Índices para catálogo sistemático:
1. Vida cristã

Todos os direitos reservados à
EDITORA CASA DA PALAVRA
Avenida Calógeras, 6 – sala 701
20030-070 – Rio de Janeiro – RJ
www.leya.com.br

SUMÁRIO

Todo dia é Natal 7

Toda família tem sua casa em Nazaré 16

Toda criança tem o semblante do amor 35

Que toda mãe seja mulher de dizer "Eis-me aqui!" 51

Toda dor oculta uma esperança 67

Toda dor moral requer paciência 79

Que todo conflito traga uma semente de perdão 93

Todo caminhante tem a sua estrela 112

Todo nômade deseja uma terra 125

Que em cada coração se encarne a "Palavra" 137

Índice de orações 159

Todo dia é Natal

No Natal, Deus entrega-se totalmente a nós,
oferecendo-nos o Seu Filho, o Único,
que é toda a Sua alegria.
E somente com o coração de Maria,
a filha humilde e pobre de Sião,
que se tornou Mãe do Filho do Altíssimo,
é possível exultar e alegrar-se
pelo grande dom de Deus
e por Sua imprevisível surpresa.

Angelus, 20 de dezembro de 2015.

Está próximo o Natal, está próximo o Senhor!

O Natal está próximo, o Senhor está próximo. E o Senhor, quando nasceu, estava ali, naquela manjedoura, e ninguém percebia que era Deus. Neste Natal, eu gostaria que o Senhor nascesse no coração de cada um de nós, oculto... De modo que ninguém perceba, mas que o Senhor ali esteja. Faço-lhes esses votos, desejo-lhes a felicidade pela proximidade do Senhor.

Palavras proferidas ao término da missa, 18 de dezembro de 2015.

Olhe o mundo: hoje é novo!

Deus é Deus conosco, Deus que nos ama, Deus que caminha conosco. Esta é a mensagem de Natal: o Verbo fez-se carne. Desse modo o Natal revela-nos o amor imenso de Deus pela humanidade. Daí deriva também o entusiasmo, a esperança de nós cristãos, que, na nossa pobreza, sabemos que somos amados, visitados e acompanhados por Deus; e olhamos para o mundo e para a história como o lugar onde caminhar junto com Ele e entre nós, rumo aos novos céus e à nova terra. Com o nascimento de Jesus nasceu uma promessa nova, nasceu um mundo novo, mas também um mundo que sempre pode ser renovado.

Angelus, 5 de janeiro de 2014.

O coração e a miséria de cada um... O dom de Deus

O termo "misericórdia" é composto por duas palavras: miséria e coração. O coração indica a capacidade de amar; a misericórdia é o amor que abraça a miséria da pessoa. É um amor que "sente" a nossa indigência como se fosse própria, com o objetivo de nos libertar dela. "Nisto consiste o amor: não fomos nós que amamos a Deus, mas foi Ele que nos amou e enviou o Seu Filho como oferenda de expiação pelos nossos pecados" (1 Jo 4, 9-10).

Homilia, 12 de dezembro de 2015.

Que belo mistério, o nosso Deus humilde!

Nestes dias de Natal, o Menino Jesus é colocado diante de nós. Estou convicto de que, em nossas casas, ainda, muitas famílias montaram o presépio, dando continuidade a essa bonita tradição que remonta a São Francisco de Assis e que conserva vivo nos nossos corações o mistério de Deus que se faz homem.

A devoção ao Menino Jesus é muito difundida. Numerosos santos e santas cultivaram-na em sua oração diária e desejaram modelar a própria vida segundo a do Menino Jesus. Penso, em particular, em Santa Teresa de Lisieux, que, como monja carmelita, tinha o nome de Teresa do Menino Jesus e da Sagrada Face. Ela – que é também Doutora da Igreja – soube viver e testemunhar aquela "infância espiritual" que se assimila precisamente meditando, na escola da Virgem Maria, sobre a humildade de Deus que, por nós, fez-se pequenino. E esse é um mistério grandioso, Deus é humilde! Nós, que somos orgulhosos, cheios de vaidade e acreditamos ser grande coisa, nós não somos nada! Ele, o grande, é humilde e faz-se criança. Esse é um verdadeiro mistério! Deus é humilde. Isso é belo!

Audiência geral, 30 de dezembro de 2015.

Maria, uma mocinha... José, um jovem que a amava...

Deus vem nos salvar e não encontra maneira melhor para fazê-lo do que caminhar conosco, viver como nós. E, no momento de escolher o modo como viver, Ele não escolhe uma grande cidade, de um império poderoso, nem uma princesa ou uma condessa como mãe, nem uma pessoa importante, nem escolhe um palácio de luxo. Parece que tudo foi feito, intencionalmente, de modo quase velado. Maria era uma jovem de uns 16 ou 17 anos, não mais, vivendo numa aldeia distante, nos confins do Império Romano, e certamente ninguém conhecia aquela aldeia. José era um jovem que a amava e queria desposá-la. Ele era um carpinteiro que ganhava o pão de cada dia. Em total simplicidade e sem chamar atenção. Inclusive o repúdio... Porque eram noivos e, naquela aldeia tão pequena, vocês sabem como são os mexericos, eles se espalham. E

José percebeu que Maria estava grávida, mas ele era um homem justo. Tudo foi encoberto, apesar da calúnia e dos mexericos. O anjo explicou o mistério a José: "Não tenhas receio de receber Maria, tua esposa; o que nela foi gerado vem do Espírito Santo". Quando José despertou do sono, ele fez o que o anjo do Senhor lhe ordenara, procurou Maria e a tomou como esposa (*Mt* 1,18-25). Tudo de modo discreto e humilde. As grandes cidades do mundo não souberam de nada. E é assim que Deus está entre nós. Se você quer encontrar Deus, procure-O na humildade, procure-O na pobreza, procure-O onde Ele está escondido: nos mais necessitados, nos doentes, nos esfomeados, nos encarcerados.

Homilia, 18 de dezembro de 2015.

Deus se importa com você

De fato, Jesus não apareceu, simplesmente, na terra. Não nos dedicou um pouco do Seu tempo. Ele veio para compartilhar a nossa vida, para acolher os nossos desejos. Porque quis, e ainda quer, viver aqui, junto a nós e por nós. Ele se importa com o nosso mundo que, no Natal, torna-se Seu mundo. O presépio nos recorda isto: Deus, pela Sua grande misericórdia, desceu para ficar permanentemente conosco.

Discurso, 18 de dezembro de 2015.

Uma luz brilha para cada um de nós

Deus está sempre presente, gerando homens novos, purificando o mundo do pecado que o envelhece e corrompe. Mesmo que a história humana e pessoal de cada um de nós possa estar marcada por dificuldades e fraquezas, a fé na Encarnação nos diz que Deus é solidário com o homem e a sua história. Essa proximidade de Deus com o homem, a mulher e cada um de nós é um dom que nunca se esvanece! Ele está conosco! Ele é Deus conosco! Eis o alegre anúncio do Natal: a luz divina, que inundou os corações da Virgem Maria e de São José e guiou os passos dos pastores e Magos, ainda hoje brilha para nós.

Angelus, 5 de janeiro de 2014.

Liberte-se da arrogância, acolha o Deus Menino

O presépio e a árvore de Natal são sinais natalícios sempre sugestivos e caros às nossas famílias cristãs: eles evocam o mistério da Encarnação, o Filho unigênito de Deus que se fez homem para nos salvar e a luz que Jesus trouxe ao mundo com o Seu nascimento. Contudo, o presépio e a árvore tocam o coração de todos, inclusive daqueles que não acreditam. Isso porque o presépio e a árvore falam de fraternidade, intimidade e amizade, exortando os homens de nosso tempo a redescobrir a beleza da simplicidade, da partilha e da solidariedade. São um convite à unidade, à concórdia e à paz; um convite para dar lugar, na nossa vida pessoal e social, a Deus, que não vem impor seu poder com arrogância, mas nos oferece o Seu amor onipotente por meio da frágil figura de um menino. Portanto, o presépio e a árvore transmitem uma mensagem de luz, esperança e amor.

Discurso, 19 de dezembro de 2014.

Pare de olhar para si próprio: levante os olhos!

Na noite de Natal, Jesus manifestou-se aos pastores, homens humildes e desprezados — alguns dizem salteadores —; foram eles os primeiros a levarem um pouco de calor àquela gruta fria de

Belém. Depois os Magos chegaram, vindos de terras longínquas, também eles atraídos, misteriosamente, por aquela criança. Os pastores e os Magos são muito diferentes entre si; entretanto, *uma coisa lhes é comum: o céu*. Os pastores de Belém acorreram imediatamente para ver Jesus não porque fossem particularmente bons, mas porque vigiavam de noite e, levantando os olhos para o céu, viram um sinal, ouviram Sua mensagem e seguiram-No. Assim fizeram também os Magos: perscrutavam o céu, viram uma nova estrela, interpretaram o sinal e puseram-se a caminho, provenientes de terras longínquas. Os pastores e os Magos nos ensinam que, para encontrar Jesus, é necessário saber *levantar o olhar para o céu*, não ficar fechado em si mesmo, no próprio egoísmo. Porém, é necessário ter o *coração e a mente abertos para o horizonte de Deus*, que sempre nos surpreende, saber acolher Suas mensagens e responder com prontidão e generosidade.

Angelus, 6 de janeiro de 2016.

Não reprimir as lágrimas

Neste dia, da Virgem Maria nasceu Jesus, o Salvador. O presépio nos faz ver o "sinal" que Deus nos deu: "[...] um recém-nascido envolto em faixas e deitado numa manjedoura" (*Lc* 2, 12). Tal como os pastores de Belém, também nós veremos este sinal, este acontecimento, que todo ano se renova na Igreja. O Natal é um evento que se renova em cada família, em cada paróquia, em cada comunidade que acolhe o amor de Deus encarnado em Jesus Cristo. Como Maria, a Igreja mostra a todos o "sinal" de Deus: o Menino, que ela trouxe no ventre e deu à luz, é Filho do Altíssimo, porque "vem do Espírito Santo" (*Mt* 1, 20). Por isso Ele é o *Salvador*, porque é o Cordeiro de Deus que tira o pecado do mundo (cf. *Jo* 1, 29). Junto com os pastores, prostremo-nos diante do Cordeiro, adoremos a bondade de Deus feita carne e deixemos que lágrimas de arrependimento encham nossos olhos e lavem o nosso coração. Todos nós necessitamos disso!

Mensagem de Natal, 2015.

QUE A SUA ALEGRIA SE CONVERTA EM PAZ

A alegria do Natal é uma alegria especial; porém, é uma alegria reservada não apenas para o dia de Natal, mas para a vida inteira do cristão. Trata-se de uma alegria serena, tranquila, de uma alegria que sempre acompanha o cristão. Inclusive nos momentos difíceis, nos momentos de dificuldade, essa alegria converte-se em paz. O verdadeiro cristão nunca perde a sua paz, mesmo em meio a sofrimentos. Essa paz constitui um dom do Senhor. A alegria cristã é uma dádiva do Senhor. "Ah, Padre, preparamos um bom almoço, e todos ficamos contentes." Isso é bonito, um bom almoço faz bem. Mas essa não é a alegria cristã da qual hoje falamos. A alegria cristã é outra coisa. Ela também nos leva a festejar, é verdade, mas é outra coisa. E por isso a Igreja quer nos fazer compreender em que consiste essa alegria cristã.

Homilia, 14 de dezembro de 2014.

AS ORAÇÕES DO PAPA FRANCISCO PARA O DIA DE NATAL

Ó, Menino de Belém, olha...

Tu, Senhor, não esqueças ninguém!
Tu, Príncipe da Paz,
converte, por toda a parte, o coração dos violentos
para que deponham as armas e se empreenda o caminho do diálogo.

Olha a Nigéria,
dilacerada por ataques contínuos
que não poupam os inocentes e os indefesos.
Abençoa a terra que escolheste para vir ao mundo
e faça alcançar um feliz desfecho
as negociações de paz entre israelenses e palestinos.
Sana os flagelos do amado Iraque,
ainda atingido por frequentes atentados.

Tu, Senhor da vida,
protege todos os que são perseguidos
por causa do Teu nome.
Dá esperança e conforto aos desterrados e aos refugiados,
Faz com que os migrantes em busca de uma vida digna
encontrem acolhimento e ajuda.

Homilia, 25 de dezembro de 2013.

Ao Menino de Belém
para toda a humanidade

Ó, Menino de Belém,
toca o coração de todos os que estão envolvidos
no tráfico de seres humanos,
para que tomem consciência
da gravidade desse crime contra a humanidade.
Volta o Teu olhar para as inúmeras crianças
que são raptadas, feridas e mortas
nos conflitos armados,
e para as muitas que são transformadas em soldados,
privadas de sua infância.
Senhor do Céu e da Terra,
olha para este nosso planeta,
que, com frequência, a ganância e a ambição dos homens
exploram de modo indiscriminado.

Mensagem Urbi et Orbi, Natal, 2013.

Toda família tem sua casa em Nazaré

*Jesus, Maria e José,
abençoai e protegei
todas as famílias do mundo,
para que nelas reinem a serenidade e a alegria,
a justiça e a paz,
que Cristo ao nascer trouxe
como dom à humanidade.*

Angelus, 27 de dezembro de 2015.

Fascinados pelo mistério de Nazaré

A Encarnação do Verbo numa família humana, em Nazaré, comove a história do mundo com a Sua novidade. Precisamos mergulhar no mistério do nascimento de Jesus, no "sim" de Maria ao anúncio do anjo, quando foi concebida a Palavra no seu ventre; e também no "sim" de José, que deu o nome a Jesus e cuidou de Maria; na festa dos pastores no presépio; na adoração dos Magos; na fuga para o Egito, na qual Jesus participou do sofrimento de Seu povo exilado, perseguido e humilhado; na devota espera de Zacarias e na alegria que acompanhou o nascimento de João Batista; na promessa que Simeão e Ana viram cumprida no templo; na admiração dos doutores da lei ao escutarem a sabedoria de Jesus adolescente. E, em seguida, penetrar nos trinta longos anos em que Jesus ganhava o pão trabalhando com as mãos, sussurrando as orações e a tradição religiosa de Seu povo e instruindo-se na fé de Seus pais, até fazê-la frutificar no mistério do Reino. Esse é o mistério do Natal e o segredo de Nazaré, cheio de aroma familiar! É o mistério que tanto fascinou Francisco de Assis, Teresa do Menino Jesus e Charles de Foucauld, e com o qual também as famílias cristãs se proveem para renovar sua esperança e alegria.

Amoris laetitia, n. 65.

Minha família vive com simplicidade?

Nosso olhar para a Sagrada Família deixa-se atrair também pela simplicidade da vida que ela conduz em Nazaré. É um exemplo que faz muito bem às nossas famílias, ajuda-as a tornarem-se cada vez mais comunidades de amor e reconciliação, nas quais se sente a ternura, a ajuda e o perdão recíprocos. Recordemos as palavras-chave para viver em paz e em alegria no seio familiar: com licença, obrigado, desculpe. Quando, na família, não somos invasivos e pedimos "com licença"; quando, na família, não somos egoístas e aprendemos a dizer "obrigado"; e quando, na família, percebemos que fizemos algo incorreto e pedimos "desculpe", nessa família existe paz e alegria. Recordemos essas palavras. E podemos repeti-las juntos: com licença, obrigado, desculpe.

Angelus, 29 de dezembro de 2013.

Uma casa com a porta aberta

A Sagrada Família de Nazaré sabe muito bem o que significa uma porta aberta ou fechada para quem espera um filho, para aqueles que não têm abrigo, para quem deve fugir do perigo. Que as famílias cristãs façam da soleira de sua casa um pequeno grande sinal da porta da misericórdia e da hospitalidade de Deus. É precisamente assim que a Igreja deve ser reconhecida em todos os recantos da Terra: como a guardiã de um Deus que bate à porta, como o acolhimento de um Deus que não nos fecha a porta na cara com a desculpa de que não somos de casa.

Audiência geral, 18 de novembro de 2015.

EM FAMÍLIA, ENSINE O EVANGELHO

O núcleo familiar de Jesus, Maria e José é, para cada crente, e especialmente para as famílias, uma autêntica escola do Evangelho. Ali admiramos o cumprimento do desígnio divino de tornar a família uma comunidade de vida e amor. Ali aprendemos que todo núcleo familiar cristão é chamado a ser uma "igreja doméstica", para fazer resplandecer as virtudes evangélicas e tornar-se fermento do bem na sociedade. Os traços típicos da Sagrada Família são: recolhimento e oração, compreensão mútua e respeito, espírito de sacrifício, trabalho e solidariedade.

Angelus, 27 de dezembro de 2015.

PROTEJA O MISTÉRIO, E DEUS SE COLOCARÁ EM AÇÃO

Cada família cristã — como fizeram Maria e José — pode, antes de mais nada, acolher Jesus, escutá-Lo, falar com Ele, cuidar Dele, protegê-Lo, crescer com Ele e, assim, melhorar o mundo. Façamos espaço ao Senhor em nosso coração e em nossos dias. Assim fizeram também Maria e José, e não foi fácil: quantas dificuldades tiveram que superar! Não era uma família fictícia nem irreal. A família de Nazaré nos empenha a redescobrir a vocação e a missão da família, de cada família. E, como aconteceu naqueles trinta anos em Nazaré, assim também pode ocorrer conosco: procurar tornar normal o amor, não o ódio; procurar tornar comum a ajuda mútua, não a indiferença ou a inimizade. Então não é por acaso que "Nazaré" significa "Aquela que guarda", como Maria que — diz o Evangelho — "guardava todas estas coisas no coração" (*Lc* 2, 19, 51).

Audiência geral, 17 de dezembro de 2014.

Se você receber Deus, a alegria e a harmonia o seguirão

Gostaria de refletir, sobretudo, a respeito da alegria. A verdadeira alegria que se experimenta na família não é algo usual e fortuito. É uma alegria fruto da harmonia profunda entre as pessoas, que faz apreciar a beleza de estar juntos, de se apoiar reciprocamente no caminho da vida. Mas, na base da alegria, há sempre a presença de Deus, o Seu amor acolhedor, misericordioso e paciente para com todos. Se não abrimos a porta da família à presença de Deus e ao Seu amor, a família perde a harmonia, prevalecem os individualismos e extingue-se a alegria. Ao contrário, a família que vive a alegria, a alegria da vida, a alegria da fé, que a comunica espontaneamente, é sal da terra e luz do mundo, é fermento para toda a sociedade.

Angelus, 27 de dezembro de 2015.

Cultive a planta do seu matrimônio!

Incentivo-os *a cuidarem de seu matrimônio e de seus filhos*. Cuidem, não descuidem: brinquem com as crianças, os filhos. O matrimônio é como uma planta. Não é como um armário que se coloca no quarto e é suficiente espaná-lo de vez em quando. Uma planta é algo vivo, deve ser cuidado todos os dias: é preciso ver como está, irrigar, e assim por diante. O matrimônio é uma realidade viva: a vida de casal nunca deve ser dada por certa, em qualquer fase do percurso de uma família. Recordemo-nos de que o dom mais precioso para os filhos não são as coisas, mas o amor dos pais. E não me refiro unicamente ao amor dos pais pelos filhos, mas, precisamente, ao amor dos pais *entre si*, ou seja, à relação conjugal. Isso é um grande bem tanto para vocês quanto para seus filhos. Não descuidem da família!

Portanto, antes de mais nada, cultivem a "planta" do matrimônio constituído por vocês, esposos. E, ao mesmo tempo, cuidem do relacionamento com seus filhos também, neste caso, apostando mais na relação humana do que nas coisas. Falem com os filhos, ouçam-nos, perguntem o que pensam. Esse diálogo entre os pais e os filhos faz muito bem! Faz os filhos crescerem em maturidade. Apostemos na misericórdia, nas relações diárias entre marido e mulher, entre pais e filhos, entre irmãos e irmãs.

Incentivo-os a *cuidarem de seu matrimônio e de seus filhos*. Cuidem, não descuidem: brinquem com as crianças, os filhos.

Discurso, 21 de dezembro de 2015.

OLHE A FAMÍLIA NO PRESÉPIO: ELA MUDA A HISTÓRIA

A Encarnação do Filho de Deus abre um novo início na história universal do homem e da mulher. E esse novo início tem lugar no seio de uma família, em Nazaré. Jesus nasceu numa família. Ele podia ter vindo de modo espetacular, como um guerreiro, ou um imperador... Mas, não. Veio como filho numa família. Isto é importante: ver no presépio essa cena tão bonita!

Deus escolheu nascer numa família humana, que Ele mesmo formou. Formou-a num longínquo povoado do Império Romano. Não em Roma, que era a capital do Império, não numa grande cidade, mas numa periferia quase invisível, de fato, muito malfalada. Até os Evangelhos trazem a recordação disso, com um certo modo de dizer:

"De Nazaré pode sair algo de bom?" (*Jo* 1, 46). Talvez, em muitas regiões do mundo, nós mesmos falemos assim, quando ouvimos o nome de um lugar periférico de uma cidade grande. Pois bem, exatamente ali, naquela periferia do grande Império, teve início a história mais santa, a melhor, a mais carregada de bondade, a história de Jesus entre os homens! E essa família vivia exatamente ali.

Audiência geral, 17 de dezembro de 2014.

Estejamos próximos de todas as famílias

A "boa notícia" da família é uma parte muito importante da evangelização, que os cristãos podem comunicar a todos, com o testemunho da própria vida. E já o fazem, e isso é evidente nas sociedades secularizadas: as famílias verdadeiramente cristãs reconhecem-se pela fidelidade, pela paciência, pela abertura à vida, pelo respeito aos idosos... O segredo de tudo isso é a presença de Jesus na família. Portanto, propomos a todos, com respeito e coragem, a beleza do matrimônio e da família iluminados pelo Evangelho! Por isso, nos aproximemos com atenção e afeto das famílias em dificuldade, daquelas que são obrigadas a deixar sua terra, que vivem divididas, que não têm casa nem trabalho, ou que por muitos motivos vivem no sofrimento; nos aproximemos dos cônjuges em crise e daqueles que já se separaram. Queremos estar próximos de todos, com o anúncio deste Evangelho da família, desta beleza da família.

Discurso, 25 de outubro de 2013.

Há sempre um modo para enfrentar as crises

A história de uma família é marcada por crises de todos os gêneros, as quais também fazem parte de sua dramática beleza. É preciso ajudar a descobrir que uma crise superada não leva a uma relação menos intensa, e sim a melhorar, a sedimentar e a amadurecer o vinho da união. Um casal não vive junto para ser cada vez menos feliz, mas para aprender a ser feliz de uma maneira nova, a partir das possibilidades abertas por uma nova etapa. Cada crise implica uma aprendizagem que permite fomentar a intensidade da vida compartilhada, ou pelo menos encontrar um novo sentido para a experiência matrimonial. É preciso não se resignar, de modo algum, a uma curva descendente, a uma inevitável deterioração, a uma mediocridade que se tem de suportar. Pelo contrário: quando se assume o matrimônio como um vínculo, que também implica superar obstáculos, cada crise é sentida como uma oportunidade para os cônjuges conseguirem beber juntos o melhor vinho.

Amoris laetitia, n. 232.

Abra espaço para Jesus, acolha-o na família!

Cada vez que uma família guarda este mistério — ainda que seja na periferia do mundo —, o mistério do Filho de Deus, o mistério de Jesus que vem para nos salvar entra em ação. E vem para salvar o mundo. E esta é a grande missão da família: dar espaço a Jesus que vem, acolher Jesus na família, na pessoa dos filhos, do marido, da esposa, dos avós... Jesus está ali. É preciso acolhê-Lo ali, para que cresça espiritualmente naquela família. Que o Senhor nos conceda essa graça nestes últimos dias antes do Natal.

Audiência geral, 17 de dezembro de 2014.

Gerar e educar: aprendamos com Maria e José

A partir do exemplo e do testemunho da Sagrada Família, toda família pode encontrar orientações preciosas para o estilo e as escolhas de vida, e pode alcançar força e sabedoria para o caminho de cada dia.

Nossa Senhora e São José nos ensinam a acolher os filhos como dons de Deus, a gerá-los e a criá-los cooperando, de modo maravilhoso, com a obra do Criador e doando ao mundo, por meio de cada criança, um novo sorriso. É na família unida que os filhos amadurecem em sua existência, vivendo a experiência significativa e eficaz de amor gratuito, da ternura, do respeito recíproco, da compreensão mútua, do perdão e da alegria.

Angelus, 27 de dezembro de 2015.

Você ensina as orações a seus filhos?

Como nos faz bem pensar que Maria e José *ensinaram Jesus a recitar as orações*! E essa é uma peregrinação, a peregrinação da educação para a oração. E também nos faz bem saber que, ao longo do dia, rezavam juntos; e que então, no sábado, iam juntos à sinagoga ouvir as Sagradas Escrituras da Lei e dos Profetas e louvar o Senhor com todo o povo! E, certamente, durante a peregrinação para Jerusalém, rezaram cantando as palavras do Salmo: "Fiquei alegre, quando me disseram: 'Vamos à casa do Senhor!'. E agora se detêm nossos pés às tuas portas, Jerusalém!" (122, 1-2).

Como é importante, para as nossas famílias, *caminharmos juntos e termos a mesma meta a alcançar*! Sabemos que temos um percurso comum a realizar, uma estrada onde encontramos dificuldades, mas também momentos de alegria e consolação. Nessa peregrinação da vida compartilhamos também o momento da oração.

Homilia, 27 de dezembro de 2015.

Que cada dia seu seja uma peregrinação

Jesus voltou para Nazaré e era obediente a Seus pais (cf. *Lc* 2, 51). Também essa imagem contém um belo ensinamento para nossas famílias. A peregrinação, de fato, não termina quando se alcança a meta do santuário, mas *quando se volta para casa e se retoma a vida cotidiana*, colocando em prática os frutos espirituais da experiência vivida. Sabemos o que Jesus fizera naquela vez. Em lugar de voltar para casa, com Seus pais, ficou em Jerusalém, no Templo, provocando grande aflição em Maria e José, que não conseguiam encontrá-Lo. Provavelmente, por essa Sua "escapada", Jesus teve que pedir desculpa aos pais. O Evangelho não diz, mas acho que podemos supor isso. Aliás, a pergunta de Maria – "Filho, por que agiste assim conosco? Olha, Teu pai e eu estávamos angustiados à Tua procura!" (*Lc* 2, 48) – manifesta, de certo modo, uma repreensão, revelando a preocupação e a angústia que ela e José sentiram. No regresso a casa, com certeza Jesus permaneceu próximo a eles, para lhes demonstrar toda a Sua afeição e obediência. Momentos como esses se tornam parte da peregrinação de cada família; o Senhor transforma os momentos em oportunidades para crescimento, em ocasiões para pedir e receber o perdão, para demonstrar amor e obediência.

Homilia, 27 de dezembro de 2015.

Jamais considere como perdido o tempo transcorrido em família

O evangelista Lucas resume esse período assim: Jesus "era obediente a eles [isto é, a Maria e José]". E poder-se-ia dizer: "Mas este Deus que vem para nos salvar perdeu trinta anos ali, naquela periferia de péssima fama?". Perdeu trinta anos! Ele quis que fosse assim. O caminho de Jesus era no seio daquela família. "Sua mãe guardava todas estas coisas no coração. E Jesus ia crescendo em sabedoria, tamanho e graça diante de Deus e dos homens" (*Lc* 2, 51-52). Não se fala de milagres ou curas, de pregações – Jesus não fez nenhuma nessa época – de multidões que acorrem. Em Nazaré, tudo parece acontecer "normalmente", segundo os costumes de uma família israelita piedosa e diligente: trabalhava-se, a mãe cozinhava, ocupava-se dos afazeres da casa, passava a ferro... Coisas de mãe. O pai, carpinteiro, labutava, ensinava o filho a trabalhar. Trinta anos. "Mas que desperdício, Padre!" Os caminhos de Deus são misteriosos. Mas ali o importante era a família! E isso não constituía um desperdício! Eram grandes santos: Maria, a mulher mais santa, Imaculada, e José, o homem mais justo... A família.

Audiência geral, 17 de dezembro de 2014.

Faça um sinal da cruz na testa de sua criança

Que poderá haver de mais belo para um pai e uma mãe do que *abençoar os seus filhos* no início do dia e na sua conclusão? *Fazer na testa deles o sinal da cruz* como no dia do batismo? Não será esta, porventura, a oração mais simples que os pais fazem pelos filhos? Abençoá-los, isto é, confiá-los ao Senhor, como fizeram Elcana e Ana, José e Maria, para que seja Ele a sua proteção e amparo nos vários momentos do dia?

Homilia, 27 de dezembro de 2015.

Aprenda com Maria, com Jesus e com José quanto o cotidiano é precioso

Certamente é tocante conhecer a narração do modo como Jesus, adolescente, cumpria os deveres da comunidade religiosa e seguia os deveres da vida social; saber como, jovem operário, Ele trabalhava com José; e aprender que Ele participava na escuta das Escrituras, na oração dos Salmos e em muitos outros hábitos da vida diária. Em sua sobriedade, os Evangelhos nada falam sobre a adolescência de Jesus, deixando essa tarefa à nossa meditação afetuosa. A arte, a literatura e a música percorreram esse caminho da imaginação. Sem dúvida, não é difícil imaginar quanto as mães poderiam aprender com os cuidados que Maria dedicava a seu Filho! E não é difícil imaginar quanto os pais poderiam deduzir do exemplo de José, homem justo, que dedicou a vida a apoiar e defender o Menino e a esposa — a sua família — nas horas difíceis! Sem mencionar o número de jovens que poderia ser incentivado, por Jesus adolescente, a entender a necessidade e a beleza de cultivar sua vocação mais profunda e sonhar grandes sonhos! E nesses trinta anos Jesus cultivou a Sua vocação, para a qual o Pai O enviara. E nessa época Jesus nunca desanimou. Ao contrário, Sua coragem cresceu para levar adiante a Sua missão.

Audiência geral, 17 de dezembro de 2014.

Onde estão nossos filhos?

A família não pode renunciar a ser um lugar de apoio, acompanhamento, orientação, embora tenha de reinventar seus métodos e encontrar novos recursos. Precisa considerar à qual realidade quer expor os próprios filhos. Tendo isso em vista, a família não deve deixar de se interrogar sobre quem lhes oferece diversão e entretenimento, quem entra nas suas casas por meio das telas e quem são as pessoas às quais os filhos são confiados para guiá-los em seu tempo livre. Somente os momentos que passamos com eles, falando com simplicidade e carinho das coisas importantes, e as possibilidades sadias que criamos para ocuparem seu tempo permitirão evitar uma invasão nociva em suas vidas. Há sempre necessidade de vigilância. O abandono jamais faz bem. Os pais devem orientar e preparar as crianças e os adolescentes para saberem enfrentar situações em que possa haver riscos, por exemplo, riscos de agressões, de abuso ou de consumo de drogas.

Amoris laetitia, n. 260.

Não confundir educação com obsessão

A obsessão não é educativa; e também não é possível ter controle sobre todas as situações em que um filho poderá vir a se encontrar. Se um genitor está obcecado em saber onde está seu filho e controlar todos os seus movimentos, procurará apenas dominar seu espaço. Mas, dessa forma, não o educará, não o fortalecerá, não o preparará para enfrentar os desafios. O que interessa, acima de tudo, é gerar no filho, com muito amor, processos de amadurecimento de sua liberdade, de aprendizagem, de crescimento integral, de cultivo da autêntica autonomia. Só desse modo esse filho terá dentro de si mesmo os elementos de que precisa para saber defender-se e para agir com inteligência e cautela em circunstâncias difíceis. Assim, a grande questão não é onde está, fisicamente, o filho, com quem está neste momento, mas onde se encontra em sentido existencial, onde está posicionado do ponto de vista de suas convicções, de seus objetivos, de seus desejos, de seu projeto de vida. Por isso, eis as perguntas que faço aos pais: "Nós procuramos compreender 'onde' os filhos, verdadeiramente, estão em seu caminho? Sabemos onde está realmente sua alma? E, sobretudo, queremos sabê-lo?".

Amoris laetitia, n. 261.

Mais do que uma soma de pessoas!

A família não é a soma das pessoas que a constituem, mas uma "comunidade de pessoas". E uma comunidade é mais do que a soma das pessoas. É o lugar onde se aprende a amar; o centro natural da vida humana. É feita de rostos, de pessoas que amam, dialogam, sacrificam-se uns pelos outros e defendem a vida, sobretudo dos mais vulneráveis e mais fracos. Seria possível dizer, sem exagero, que a família é o motor do mundo e da história. Nossa personalidade se desenvolve na família, crescendo com nossa mãe e nosso pai, nossos irmãos e nossas irmãs, respirando o calor do lar. A família é o lugar onde recebemos nosso nome, é o lugar dos afetos, o espaço da intimidade, onde se aprende a arte do diálogo e da comunicação interpessoal. Na família a pessoa toma consciência da própria dignidade e, especialmente se a educação for cristã, cada membro da família reconhece a dignidade de cada pessoa em sua singularidade, em particular daquelas doentes, fracas e marginalizadas.

Discurso, 25 de outubro de 2013.

Jamais faça uma refeição sem agradecer

Para os membros de uma família é importante se encontrar para um breve momento de *oração antes de tomarem juntos as refeições* a fim de agradecer ao Senhor pelos dons recebidos e de aprender a compartilhar o que se recebeu com os mais necessitados. São pequenos gestos que, no entanto, revelam o grande papel formativo que a família tem na peregrinação de cada dia.

Homilia, 27 de dezembro de 2015.

Que a fé de vocês expanda suas vidas!

Em família, a fé acompanha todas as idades da vida, a começar pela infância: as crianças aprendem a confiar no amor de seus pais. Por isso é importante que os pais cultivem, na família, expressões de fé compartilhadas e acompanhem o amadurecimento da fé de seus filhos. Sobretudo os jovens, que atravessam um período de vida tão complexo, rico e importante para a fé, devem sentir a proximidade e a atenção da família e da comunidade eclesial em seu caminho de crescimento na fé. Todos vimos como, nas Jornadas Mundiais da Juventude, os jovens mostraram a alegria da fé, o compromisso de viver uma fé cada vez mais consistente e generosa. Os jovens desejam uma vida que seja grande. O encontro com Cristo, deixar-se conquistar e guiar pelo Seu amor, alarga o horizonte da existência, dá-lhe uma esperança substancial que jamais levará ao desapontamento. A fé não é um refúgio para gente sem coragem, mas algo que expande nossas vidas. Ela nos faz descobrir um grande chamado — a vocação para o amor — e assegura que esse amor seja confiável, que valha a pena entregar-se a ele porque o seu fundamento se encontra na fidelidade de Deus, que é mais forte do que a nossa fragilidade.

Lumen fidei, n. 53.

...E CONTINUEMOS A CAMINHAR!

Nenhuma família é uma realidade perfeita e "fabricada" definitivamente, mas requer um gradual desenvolvimento de sua capacidade de amar. Há um apelo constante que provém da comunhão plena da Trindade, da união extraordinária entre Cristo e a Sua Igreja, daquela comunidade tão bela formada pela família de Nazaré e da fraternidade sem mácula que existe entre os santos do céu. E, contudo, contemplar a plenitude que ainda não alcançamos permite-nos também relativizar o percurso histórico que estamos fazendo como famílias, para deixar de pretender das relações interpessoais uma perfeição, uma pureza de intenções e uma coerência que só poderemos encontrar no Reino definitivo. Além disso, impede-nos de julgar com dureza aqueles que vivem em condições de grande fragilidade. Todos somos chamados a manter viva a tensão para algo que vá além de nós mesmos e de nossos limites, e cada família deve viver nesse estímulo constante. Caminhemos, famílias; continuemos a caminhar! Aquilo que nos é prometido é sempre maior. Não percamos a esperança por causa dos nossos limites, mas também não renunciemos a procurar a plenitude de amor e comunhão que nos foi prometida.

Amoris laetitia, n. 325.

AS ORAÇÕES DO PAPA FRANCISCO "EM FAMÍLIA"

SALMO 128, INSERIDO POR VONTADE DO **PAPA FRANCISCO** NA ABERTURA DE *AMORIS LAETITIA*

Feliz quem teme o Senhor
e segue Seus caminhos.
Viverás do trabalho de tuas mãos,
viverás feliz e satisfeito.
Tua esposa será como uma vinha fecunda
no interior de tua casa;
teus filhos, como brotos de oliveira
ao redor de tua mesa.
Assim será abençoado
o homem que teme o Senhor.
De Sião o Senhor te abençoe!
Possas ver Jerusalém feliz
todos os dias de tua vida.
E vejas os filhos de teus filhos.
Paz sobre Israel!

Oração à Sagrada Família

Jesus, Maria e José,
em Vós contemplamos
o esplendor do verdadeiro amor,
confiantes, a Vós nos consagramos.

Sagrada Família de Nazaré,
tornai também as nossas famílias
lugares de comunhão e cenáculos de oração,
autênticas escolas do Evangelho
e pequenas igrejas domésticas.

Sagrada Família de Nazaré,
que nunca mais haja nas famílias
episódios de violência, de fechamento e divisão;
e quem tenha sido ferido ou escandalizado
seja rapidamente consolado e curado.

Sagrada Família de Nazaré,
fazei que todos nos tornemos conscientes
do caráter sagrado e inviolável da família,
da sua beleza no projeto de Deus.

Jesus, Maria e José,
ouvi-nos e acolhei a nossa súplica.
Amém.

Amoris laetitia, n. 325.

Pela transformação das nossas famílias

Jesus, Maria e José,
a Vós, Sagrada Família de Nazaré,
hoje, voltamos nosso olhar
com admiração e confiança;
em Vós, contemplamos
a beleza da comunhão no amor verdadeiro;
a Vós recomendamos todas as nossas famílias,
a fim de que se renovem nelas as maravilhas da Graça.

Sagrada Família de Nazaré,
escola atraente do Santo Evangelho:
ensinai-nos a imitar vossas virtudes
com uma sábia disciplina espiritual,
dai-nos o olhar límpido
que sabe reconhecer a obra da Providência
nas realidades cotidianas da vida.

Sagrada Família de Nazaré,
guardiã fiel do Mistério da Salvação:
fazei renascer em nós o apreço pelo silêncio,
tornai nossas famílias cenáculos de oração
e transformai-as em pequenas igrejas domésticas,
renovai nelas o desejo da santidade,
sustentai a nobre fadiga do trabalho, da educação,
da escuta, da compreensão recíproca e do perdão.

Sagrada Família de Nazaré,
despertai em nossa sociedade a consciência
do caráter sagrado e inviolável da família,
bem inestimável e insubstituível.
Que toda família seja morada acolhedora
de bondade e paz
para as crianças e os idosos,
para quem está doente e sozinho,
para quem é pobre e necessitado.

Jesus, Maria e José
a Vós rezamos com fé,
a Vós com alegria nos confiamos.

27 de outubro de 2013.

À Sagrada Família

Jesus, Maria e José,
em Vós contemplamos o esplendor do amor verdadeiro,
a Vós, confiantes, nos dirigimos.
Sagrada Família de Nazaré,
tornai também as nossas famílias
lugares de comunhão e cenáculos de oração,
escolas autênticas do Evangelho e
pequenas igrejas domésticas.

Sagrada Família de Nazaré,
que nunca mais se faça, nas famílias, experiência
de violência, isolamento e divisão:
aquele que ficou ferido ou indignado
que depressa conheça consolação e cura.
Jesus, Maria e José,
escutai, atendei a nossa súplica.
Amém.

Angelus, 29 de dezembro de 2013.

Toda criança tem o semblante do amor

> *Agora rezarei ao Senhor por vocês,*
> *para que faça de vocês meninos, meninas,*
> *rapazes, moças, homens, mulheres*
> *que levam adiante o amor.*
> *Quando o amor de Deus vai adiante,*
> *tudo vai bem.*
>
> Encontro com crianças, 31 de maio de 2014.

As crianças querem ficar no centro da nossa vida

Sabemos pouco sobre o Menino Jesus, mas podemos aprender muito sobre Ele se contemplarmos a vida das crianças. É um belo hábito dos pais e dos avós olhar as crianças, ver o que elas fazem. Antes de tudo, descobrimos que *as crianças querem a nossa atenção*. Elas devem estar no centro. Por quê? Porque são orgulhosas? Não! Porque têm necessidade de se sentir protegidas. Também é necessário colocarmos Jesus no centro da nossa vida e sabermos, ainda que possa parecer paradoxal, que temos a responsabilidade de protegê-Lo. Ele quer ser tomado nos nossos braços, deseja ser acudido e poder fixar Seu olhar no nosso. Além disso, *faça sorrir* o Menino

Jesus para demonstrar-Lhe o nosso amor e a nossa alegria por Ele estar entre nós. Seu sorriso é o sinal do amor que nos dá a certeza de sermos amados.

Audiência geral, 30 de dezembro de 2015.

AS CRIANÇAS SÃO SINAIS

O Menino Jesus, nascido em Belém, é *o sinal* dado por Deus a quem esperava a salvação, e permanece para sempre o sinal da ternura de Deus e de Sua presença no mundo. O anjo disse aos pastores: "Isto vos servirá de sinal: encontrareis um recém-nascido…".

Também hoje *as crianças são um sinal*. Sinal de esperança, sinal de vida, mas também *sinal* de "diagnóstico" para compreender o estado de saúde de uma família, de uma sociedade, do mundo inteiro. Quando as crianças são acolhidas, amadas, protegidas, amparadas, a família é sadia, a sociedade melhora, o mundo é mais humano. Pensemos na obra que o Instituto Effetà Paulo VI desenvolve em favor das crianças palestinas surdas-mudas: é um sinal concreto da bondade de Deus. É um sinal concreto de que a sociedade está melhorando.

Hoje Deus repete também para nós, homens e mulheres do século XXI: "Isto vos servirá de sinal", procurai o Menino…

Homilia, 25 de maio de 2014.

OS DESENHOS DAS CRIANÇAS

Nas últimas semanas, de todas as partes do mundo, chegaram muitas mensagens de bons votos para o Santo Natal e para o Ano-Novo. Gostaria de responder a todas, mas, infelizmente, é impossível! Por isso desejo agradecer de coração às crianças por seus lindos desenhos. São realmente bonitos! As crianças fazem desenhos lindos. Lindos, lindos, lindos!

Angelus, 5 de janeiro de 2014.

AS CRIANÇAS E OS CORRUPTOS

A brandura que Jesus quer de nós nada tem a ver com adulação, com aquele modo falsamente amável de seguir em frente. Nada a ver. A brandura é simples como a de uma criança; e uma criança não é hipócrita, porque não é corrupta. Quando Jesus nos diz: que o vosso modo de falar seja "sim", "sim", "não", "não", com resolução de criança, diz-nos o contrário daquilo que dizem os corruptos.

Homilia em Santa Marta, 4 de junho de 2013.

NÃO ESQUEÇA AS CRIANÇAS QUE SOFREM NO MUNDO

Jesus, salve as inúmeras crianças vítimas de violência, feitas objeto de comércio ilícito e do tráfico de pessoas, ou forçadas a tornarem-se soldados; crianças, muitas crianças. Vítimas de abuso. Dê conforto às famílias das crianças mortas no Paquistão. Esteja próximo de todos os que sofrem por doenças, em particular pelas vítimas da epidemia de Ebola, sobretudo na Libéria, em Serra Leoa e na Guiné. Enquanto agradeço de coração àqueles que estão trabalhando corajosamente para assistir os doentes e seus familiares, renovo um apelo premente para que sejam garantidas a assistência e as terapias necessárias.

Jesus Menino. Penso em todas as crianças assassinadas e maltratadas hoje, seja naquelas que o são antes de ver a luz, privadas do amor generoso de seus pais e sepultadas no egoísmo de uma cultura que não ama a vida, seja nas crianças evacuadas devido às guerras e às perseguições, abusadas e exploradas sob os nossos olhos e o nosso silêncio cúmplice, seja ainda nas crianças massacradas em bombardeios, inclusive onde o Filho de Deus nasceu. Ainda hoje o Seu silêncio impotente grita sob a espada de tantos Herodes. Sobre Seu sangue sobressai-se hoje a sombra dos atuais Herodes. Realmente, há tantas lágrimas neste Natal juntamente com as lágrimas de Jesus Menino!

Mensagem Urbi et Orbi, 25 de dezembro de 2014.

Quem protege uma criança, protege Jesus

O Menino de Belém é frágil, como todos os recém-nascidos. Não sabe falar e, no entanto, é a Palavra que se fez carne, que veio mudar o coração e a vida dos homens. Aquele Menino, como todas as crianças, é frágil e tem necessidade de ser ajudado e protegido. Hoje também as crianças têm necessidade de ser escutadas e defendidas, desde o ventre materno.

Homilia, 25 de dezembro de 2014.

Seja corajoso, aprenda a chorar!

Queridos rapazes e moças, no mundo de hoje falta o pranto! Choram os marginalizados, choram aqueles que são postos de lado, choram os desprezados, mas nós que levamos uma vida sem grandes necessidades não sabemos chorar. Certas realidades da vida só são vistas com os olhos limpos pelas lágrimas. Convido cada um de vocês a perguntar-se: "Aprendi a chorar? Quando vejo uma criança faminta, uma criança drogada pelas ruas, uma criança sem casa, uma criança abandonada, uma criança abusada, uma criança usada como escrava pela sociedade? Ou o meu é o pranto caprichoso de quem chora porque queria ter mais alguma coisa?". Esta é a primeira coisa que eu queria lhes dizer: aprendamos a chorar... A grande resposta que podemos dar a todos nós é aprender a chorar.

No Evangelho, Jesus chorou, chorou pelo amigo morto. Chorou em Seu coração por aquela família que perdeu a filha. Chorou em Seu coração quando viu aquela pobre mãe viúva que levava o filho ao cemitério. Comoveu-se e chorou em Seu coração quando viu a multidão como ovelhas sem pastor. Se vocês não aprendem a chorar, não são bons cristãos. E esse é um desafio. E quando nos fizerem a pergunta: "Por que sofrem as crianças, por que acontece isto ou aquilo de trágico na vida?", que a nossa resposta seja o silêncio ou a palavra que nasce das lágrimas. Sejam corajosos, não tenham medo de chorar.

Discurso, 18 de janeiro de 2015.

Faça as crianças brincarem, segure o pequeno Jesus nos braços!

As crianças gostam de brincar. No entanto, *fazer as crianças brincarem* significa abandonar a nossa lógica para entrar na delas. Se quisermos que elas se divirtam é necessário compreender o que as agrada, e não sermos egoístas e as obrigarmos a fazer as coisas que nos agradam. É um ensinamento para nós. Diante de Jesus, somos chamados a abandonar nossa pretensão de autonomia — e esse é o núcleo do problema: nossa pretensão de autonomia — para acolher, ao contrário, a verdadeira forma de liberdade que consiste em conhecer quem temos diante de nós e servi-lo. Ele, a criança, é o Filho de Deus que vem para nos salvar. Veio no meio de nós para nos mostrar o rosto do Pai, rico de amor e misericórdia. Apertemos, portanto, entre os nossos braços o Menino Jesus, coloquemo-nos a Seu serviço: Ele é fonte de amor e serenidade. Portanto, em casa, aproximem-se do presépio, beijem o Menino Jesus e digam: "Jesus, quero ser humilde como Tu, humilde como Deus". Peçam-Lhe essa graça.

Audiência geral, 30 de dezembro de 2015.

A Igreja chora pelas crianças agredidas

A imagem de Pedro, que, ao ver Jesus sair daquela dura sessão de interrogatório e cruzar seu olhar com o Dele chora, me vem hoje no coração quando cruzo o meu olhar com o de vocês, tantos homens e mulheres, meninos e meninas; sinto o olhar de Jesus e peço a graça de Seu choro.

A graça de que a Igreja chore e faça a reparação por seus filhos e filhas que traíram a sua missão, que agrediram pessoas inocentes com seus abusos.

Há tempos sinto no coração um pesar profundo, um sofrimento, tanto tempo oculto, dissimulado numa cumplicidade que não encontra explicação, até que alguém se apercebeu de que Jesus olhava, e depois outra pessoa também se apercebeu, e mais outra... e tomaram coragem para sustentar esse olhar. E aqueles poucos que começaram a chorar contagiaram a nossa consciência em relação a esse crime e grave pecado. Essa é a minha angústia e o meu pesar pelo fato de que alguns sacerdotes e bispos violaram a inocência de menores e a própria vocação sacerdotal abusando deles sexualmente. Trata-se de algo que vai além de atos ignóbeis. É como um culto sacrílego, porque esses meninos e essas meninas haviam sido confiados ao carisma de sacerdotes que deveriam conduzi-los para Deus, mas que os sacrificaram ao ídolo da sua concupiscência. Profanaram a própria imagem de Deus, a cuja imagem fomos criados. A infância — todos o sabemos — é um tesouro. O coração jovem, tão aberto e cheio de confiança, contempla os mistérios do amor de Deus e mostra-se disposto de uma forma única a ser alimentado pela fé. Hoje, o coração da Igreja contempla os olhos de Jesus nesses meninos e meninas e quer chorar. Pede a graça de chorar frente a esses atos execráveis de violência perpetrados contra os menores; atos que deixaram cicatrizes para a vida inteira.

Homilia em Santa Marta, 7 de julho de 2014.

O pranto das crianças nos questiona

"Isto vos servirá de sinal: encontrareis um recém-nascido..." (*Lc* 2,12). Talvez aquele Menino chore. Chore porque tem fome, porque tem frio, porque quer ficar no colo... Também hoje choram as crianças, choram muito, e seu pranto nos questiona. Num mundo que descarta, todo dia, toneladas de alimentos e medicamentos, há crianças que choram, em vão, por fome e doenças facilmente curáveis. Nesta época que proclama a proteção aos menores, armas que terminam nas mãos de crianças-soldados são comercializadas; produtos manufaturados por pequenos trabalhadores-escravos são comercializados. O pranto dessas crianças é sufocado! Devem combater, devem trabalhar, não podem chorar! Mas, por eles, choram suas mães, as Raquéis atuais: choram por seus filhos e não querem ser consoladas (cf. *Mt* 2, 18).

Discurso, 18 de dezembro de 2014.

A força da brandura de Jesus transforma as armas em arados

Queridos irmãos e irmãs, que o Espírito Santo ilumine os nossos corações para podermos reconhecer no Menino Jesus, nascido em Belém, da Virgem Maria, a salvação oferecida por Deus a cada um de nós, a todos os seres humanos e a todos os povos da Terra. Que o poder de Cristo, que é libertação e serviço, se faça sentir em tantos corações que sofrem guerras, perseguições, escravidão. Que esse poder divino tire, com a Sua brandura, a dureza dos corações de tantos homens e mulheres imersos na mundanidade e na indiferença, na globalização da indiferença. Que a Sua força redentora transforme as armas em arados, a destruição em criatividade, o ódio em amor e ternura. Assim poderemos dizer com alegria: "Nossos olhos viram a vossa salvação".

Mensagem Urbi e Orbi, 25 de dezembro de 2014.

Nunca deixe os jovens sozinhos!

Por favor, não podemos deixar os jovens sozinhos! Já faz parte da nossa linguagem falar das "crianças de rua". "As crianças de rua", como se uma criança pudesse ficar sozinha, excluída de tudo o que é contexto cultural, de tudo o que é contexto familiar. Sim, há a família, há a escola, há a cultura, mas a criança está sozinha. Por quê? Porque o pacto educativo se rompeu. Então, é preciso recompor o pacto educativo. Houve uma ocasião, no quarto ano do ensino fundamental, em que faltei ao respeito para com a professora e esta mandou chamar minha mãe. Quando minha mãe chegou, permaneci na sala de aula e a professora saiu. Depois me chamaram, e minha mãe, muito tranquila — eu temia o pior —, me perguntou:

— Você fez isso, isso e isso? Você disse isso à professora?

— Sim — respondi.

— Peça-lhe desculpa.

E minha mãe me fez pedir desculpa diante dela. Fiquei feliz. Havia sido fácil. Porém, o segundo ato aconteceu quando cheguei em casa!

Atualmente, ao menos em muitas escolas de meu país, uma professora escreve um bilhete no caderno de uma criança e, no dia seguinte, o pai ou a mãe a denunciam. Rompeu-se o pacto educativo. Não se trata mais de todos juntos pela criança. E, do mesmo modo, também estamos falando sobre a sociedade. Ou seja, sobre reconstruir o pacto educativo, reconstruir a mentalidade social para educar as crianças. Não podemos deixá-las por conta própria, não podemos deixá-las na rua, sem proteção, à mercê de um mundo no qual prevalece o culto ao dinheiro, à violência e ao descarte.

Discurso, 4 de setembro de 2014.

Acolha toda criança como um dom

Quando Jesus veio ao mundo, Sua própria vida encontrou-se ameaçada por um rei corrupto. O próprio Jesus necessitou ser protegido. Ele tinha um protetor na terra: São José. Ele tinha uma família aqui na terra: a Sagrada Família de Nazaré. Desse modo, Ele nos recorda a importância de proteger as nossas famílias, e aquela família maior que é a Igreja, a família de Deus, e o mundo, a nossa família humana. Hoje, infelizmente, a família precisa ser protegida de ataques insidiosos e programas contrários a tudo o que consideramos verdadeiro e sagrado, tudo o que há de mais belo e nobre em nossa cultura.

No Evangelho, Jesus acolhe as crianças, abraça-as e as abençoa. Também nós temos a tarefa de proteger, guiar e encorajar os nossos jovens, ajudando-os a construir uma sociedade digna do seu grande patrimônio espiritual e cultural. De modo específico, necessitamos ver cada criança como um dom a ser acolhido, amado e protegido. E devemos cuidar dos jovens, não permitindo que a esperança lhes seja roubada nem que sejam condenados a viver nas ruas.

Foi um menino frágil que trouxe a bondade de Deus, a misericórdia e a justiça ao mundo. Ele resistiu à desonestidade e à corrupção, que são a herança do pecado, e triunfou sobre elas pelo poder da cruz.

Homilia, 18 de janeiro de 2015.

Idosos e crianças, o futuro do nosso povo

Aqueles que deixamos de lado quando organizamos uma associação serão o sinal da presença de Deus: os idosos e as crianças. Os idosos, porque trazem consigo a sabedoria, a sabedoria de sua vida, a sabedoria da tradição, a sabedoria da história, a sabedoria da lei de Deus; e as crianças, porque são também a força, o futuro, aqueles que levarão adiante o futuro com sua força e sua vida.

O futuro de um povo está exatamente aqui e aqui, nos idosos e nas crianças. E um povo que não cuida de seus idosos e de suas crianças não tem futuro, porque não terá memória e não terá promessas. Os idosos e as crianças são o futuro de um povo.

Homilia em Santa Marta, 30 de setembro de 2013.

Você brinca com seus filhos?

Quando ouço a confissão de um homem ou uma mulher, casados, jovens, e na confissão surge alguma referência ao filho ou à filha, pergunto:

— Quantos filhos o(a) senhor(a) tem?

E eles me contam e talvez esperem outra pergunta depois daquela. Mas minha segunda pergunta sempre é:

— Diga-me, você brinca com seus filhos?

— Como, Padre?

— Você passa tempo com seus filhos? Brinca com seus filhos?

— Ah, não, o senhor sabe, quando saio de casa, pela manhã — diz-me o homem —, eles ainda estão dormindo, e quando volto para casa, já estão na cama.

Também a disponibilidade, a disponibilidade de um pai e de uma mãe para com os filhos é tão importante: "perder tempo" com seus filhos, brincar com seus filhos. Uma sociedade que abandona os filhos e marginaliza os idosos corta suas raízes e obscurece seu futuro. E vocês têm avaliado o que nossa cultura atualmente está fazendo, não têm? Toda vez que uma criança é abandonada e um idoso é marginalizado, pratica-se não apenas um ato de injustiça, mas também sanciona-se o fracasso daquela sociedade. Cuidar dos pequenos e dos idosos é uma escolha de civilidade. E é também uma escolha para o futuro, porque os pequenos, as crianças e os jovens levarão adiante aquela sociedade com sua força e sua juventude, e os idosos a levarão adiante com sua sabedoria, sua memória, que eles devem passar a todos nós.

Discurso, 25 de outubro de 2013.

Quem sofre de *orfandad*, de orfandade?

Quando ouço a confissão de jovens esposos e me falam dos filhos, faço sempre uma pergunta:

— E você tem tempo para brincar com seus filhos?

E com muita frequência ouço do pai:

— Mas, Padre, quando vou trabalhar de manhã, eles estão dormindo, e quando volto à noite, eles estão na cama, dormindo.

Isso não é vida! É uma cruz difícil. Não é humano. Quando eu era arcebispo, na outra diocese, e tinha mais oportunidades para falar com garotos e jovens, compreendia que eles sofriam de orfandade. Nossas crianças, nossos jovens sofrem de orfandade! Creio que o mesmo aconteça em Roma. Os jovens são órfãos de um caminho seguro para percorrerem, de um professor em quem confiar, de ideais que aqueçam o coração, de esperanças que sustentem a fadiga da vida diária. Eles são órfãos, mas conservam vivo no coração o desejo por tudo isso! Esta é a sociedade dos órfãos. Vamos pensar sobre isso. É importante. Órfãos, sem memória de família: porque, por exemplo, os avós estão afastados, na casa de repouso, eles não têm aquela presença, aquela memória de família. Órfãos, sem o afeto do aqui e agora, ou com um tipo de afeto apressado; o pai está cansado, a mãe está cansada, eles vão dormir... E os filhos permanecem órfãos. Órfãos de disponibilidade: aquilo que eu dizia antes, órfãos daquela disponibilidade do pai e da mãe que sabem como despender tempo para brincar com os filhos.

Discurso, 16 de junho de 2014.

A CARTA DE NICO

Quero ler para vocês algo pessoal, umas das mais belas cartas que já recebi, um dom de amor de Jesus. Ela me foi escrita por Nicolas, um rapaz de 16 anos, deficiente desde o nascimento, que mora em Buenos Aires. Vou ler para vocês: "Caro Francisco: meu nome é Nicolas e tenho 16 anos. Como não posso lhe escrever eu mesmo (porque não posso nem falar, nem andar), pedi a meus pais para escreverem em meu lugar, pois eles são as pessoas que me conhecem melhor. Quero lhe contar que, quando eu tinha 6 anos, em minha escola, que se chama Aedin, o padre Pablo me deu a primeira Comunhão, e este ano, em novembro, receberei a Crisma, o que me dá muita alegria. Todas as noites, desde que você me pediu, peço a meu anjo da guarda, que se chama Eusébio e é muito paciente, para proteger e ajudar você. Pode ter certeza de que ele faz isso muito bem, porque cuida de mim e me acompanha todos os dias! Ah! E quando não tenho sono... ele vem brincar comigo! Eu gostaria muito de ir visitar você e receber a sua bênção e um beijo: só isso! Envio-lhe muitas saudações e continuo a pedir a Eusébio para cuidar de você e lhe dar força. Beijos. NICO".

Nesta carta, no coração desse jovem, estão a beleza, o amor e a poesia de Deus. Deus que se revela a quem tem um coração simples, aos pequeninos, aos humildes, àqueles que nós consideramos, muitas vezes, os últimos, também a vocês, queridos amigos: aquele jovem, quando não consegue adormecer, brinca com o seu anjo da guarda; é Deus que desce para brincar com ele.

Discurso, 4 de outubro de 2014.

Cinco regras para os jovens de hoje

1. *Nunca se dar por vencidos,* porque aquilo que Jesus pensou para o caminho de vocês é que vocês construam tudo em conjunto: junto com seus pais, irmãos, amigos, colegas de escola, de catecismo, de salão paroquial.

2. *Ficar atentos às necessidades dos mais pobres,* dos que mais sofrem e dos mais solitários, pois quem escolheu querer bem a Jesus não pode deixar de amar o próximo. E desse modo o caminho de vocês se tornará amor...

3. *Amar a Igreja*, querer bem aos sacerdotes, colocar-se a serviço da comunidade — porque a Igreja não significa somente padres e bispos... mas, sim, toda a comunidade —; colocar-se a serviço da comunidade. Doar tempo, energias, qualidades e capacidades pessoais a suas paróquias e, desse modo, testemunhar que a riqueza de cada um é um dom de Deus para ser compartilhada inteiramente. É importante! Aquele "todo" a ser descoberto, aquele todo a ser compartilhado, a ser construído em conjunto, todo o amor...

4. *Ser apóstolos de paz e serenidade*, começando com suas famílias; lembrar a seus pais, irmãos, colegas que é belo querer-se bem, e que as incompreensões podem ser superadas, porque junto a Jesus tudo é possível. Isso é importante: tudo é possível. Mas esta palavra não é uma invenção nova; esta palavra foi dita por Jesus quando

desceu do Monte da Transfiguração. O que Jesus disse ao pai que lhe pediu para curar-lhe o filho? "Tudo é possível para aqueles que têm fé." Com fé em Jesus pode-se tudo, tudo é possível.

5 *Falar com Jesus*. A oração: falar com Jesus, o maior amigo que nunca nos abandona, confiar-Lhe suas alegrias e suas tristezas. Correr para Ele toda vez que vocês errarem e fizerem alguma coisa ruim, com a certeza de que Ele perdoará vocês. E falar a todos sobre Jesus, Seu amor, Sua misericórdia, Sua brandura, porque a amizade com Jesus, que deu a vida por nós, é um evento *todo para ser contado*. Todos esses "todos" são importantes.

O que vocês acham? Vocês se animam a tentar pôr em prática essa proposta com o "todo"? Penso que vocês já estão vivendo algumas dessas coisas.

Agora, com a graça do Natal, Jesus quer ajudar vocês a darem um passo ainda mais decidido, convicto, jubiloso, tornando-se Seus discípulos. Basta uma pequena frase: "Eis-me aqui". Aprendemos essa frase de nossa Mãe, Nossa Senhora, que assim respondeu ao chamado de Deus: "Eis-me aqui". E recordem:

tudo para descobrir,
tudo para construir em conjunto,
todo o amor,
tudo para compartilhar,
tudo é possível,
e a fé é todo um evento para ser contado.

Discurso, 18 de dezembro de 2014.

AS ORAÇÕES DO PAPA FRANCISCO PARA CONSERVAR A INFÂNCIA ESPIRITUAL

OBRIGADO POR NÃO NOS DEIXARES ÓRFÃOS

Obrigado, Senhor, por estares conosco hoje.
Obrigado, Senhor, por compartilhares os nossos sofrimentos.
Obrigado, Senhor, por nos dares esperança.
Obrigado, Senhor, pela Tua grande misericórdia.
Obrigado, Senhor, porque quiseste ser como um de nós.
Obrigado, Senhor, porque estás sempre junto de nós,
mesmo nos momentos de cruz.
Obrigado, Senhor, porque nos dás esperança.
Senhor, que não nos roubem a esperança!
Obrigado, Senhor, porque na cruz,
no momento mais escuro da Tua vida,
lembraste-Te de nós e nos deixaste uma mãe.
Obrigado, Senhor, por não nos teres deixado órfãos.

Homilia, 17 de janeiro de 2015.

Eu não posso

Senhor, eu quero ser fecundo;
eu quero que a minha vida dê vida,
que a minha fé seja fecunda e vá adiante
e eu possa transmiti-la aos outros.
Senhor, sou estéril
não posso, Tu podes.
sou um deserto;
não posso, Tu podes.

Ó, Filho de Davi, ó, Adonai, ó, sabedoria,
ó, raiz de Jesse, ó, Emanuel,
vem nos dar vida,
vem nos salvar,
porque só Tu podes,
sozinho não posso,
sozinho não posso.

Homilia a Santa Maria, 19 de dezembro de 2013.

Que toda mãe seja mulher de dizer "Eis-me aqui!"

Aquela que nos trouxe Jesus é uma mulher.
É o caminho escolhido por Jesus.
Ele quis ter uma mãe:
assim também o dom da fé passa pelas mulheres,
como Jesus por Maria.

Homilia em Santa Marta, 26 de janeiro de 2015.

É preciso fazer uma teologia das mulheres!

Uma Igreja sem as mulheres é como o Colégio Apostólico sem Maria. O papel da mulher na Igreja não é só a maternidade, a mãe de família. É mais forte: é precisamente o ícone da Virgem Maria, de Nossa Senhora; aquela que ajuda a Igreja a crescer. Entendam uma coisa: Nossa Senhora é mais importante do que os apóstolos! É mais importante! A Igreja é feminina: é Igreja, é esposa, é mãe. O papel da mulher na Igreja não deve ser só o de mãe, trabalhadora, limitada... Não! É outra coisa! Os Papas... Paulo VI escreveu uma coisa belíssima sobre as mulheres, mas eu acredito que se deva avançar mais na explicitação desse papel e no carisma da mulher. Não se pode compreender uma Igreja sem mulheres, mas mulheres ativas na Igreja, com o seu perfil, que fazem avançar...

Na Igreja, deve-se pensar na mulher sob a seguinte perspectiva: de escolhas arriscadas, mas como mulheres. Isso deve ser mais bem explicitado. Eu acho que ainda não fizemos uma profunda teologia da mulher na Igreja. Limitamo-nos a dizer que ela pode fazer isto, pode fazer aquilo, agora pode ser coroinha, depois pode fazer a Leitura, é a presidente da *Caritas*... Mas há muito mais! É necessário fazer uma profunda teologia da mulher. É o que eu penso.

Conferência jornalística, 28 de julho de 2013.

Viva também você a fé de Maria

O arcanjo Gabriel revela a Virgem a vontade do Senhor, que ela se torne Mãe do Seu Filho unigênito: "Conceberás e darás à luz um filho, e Lhe porás o nome de Jesus. Ele será grande; será chamado Filho do Altíssimo..." (*Lc* 1, 31-32). Fixemos o olhar nessa jovem simples de Nazaré no momento em que ela se torna disponível à mensagem divina com o seu "sim"; entendamos dois aspectos essenciais da sua atitude que, para nós, é o modelo do modo como devemos nos preparar para o Natal.

Antes de tudo, a sua *fé*, a sua atitude de fé, que consiste em escutar a Palavra de Deus para se abandonar a essa Palavra, com plena disponibilidade de mente e coração.

Angelus, 21 de dezembro de 2014.

Você quer viver numa sociedade sem mães?

Uma sociedade sem mães seria uma sociedade desumana, porque, nos piores momentos, as mães sempre sabem testemunhar a ternura, a dedicação, a força moral. As mães também transmitem, muitas vezes, o sentido mais profundo da prática religiosa: na vida de um ser humano, o valor da fé está inscrito nas primeiras orações, nos primeiros gestos de devoção que uma criança aprende. É uma mensagem que as mães que acreditam sabem transmitir sem muitas explicações: estas chegarão depois, mas a semente da fé está naqueles primeiros e preciosos momentos. Sem as mães, não somente não haveria novos fiéis, mas a fé perderia boa parte do seu calor simples e profundo. E a Igreja é mãe, com tudo isso, é nossa mãe! Nós não somos órfãos, temos uma mãe! Nossa Senhora, a mãe Igreja e a nossa mãe. Não somos órfãos, somos filhos da Igreja, somos filhos de Nossa Senhora e somos filhos de nossas mães.

Queridas mães, obrigado, obrigado por aquilo que são na família e pelo que dão à Igreja e ao mundo. E a ti, amada Igreja, obrigado por ser mãe. E a ti, Maria, Mãe de Deus, obrigado por fazer-nos ver Jesus. Saudemos todas as mães!

Audiência geral, 7 de janeiro de 2015.

Ensinar a liberdade aos filhos

Uma boa mãe também ajuda a *tomar as decisões definitivas com liberdade*. Isso não é fácil, porém uma mãe sabe fazê-lo. Mas o que significa liberdade? Certamente não é fazer tudo o que se quer, deixar-se dominar pelas paixões, passar de uma experiência a outra sem discernimento, seguir as modas da época; liberdade não significa, por assim dizer, jogar tudo aquilo de que não se gosta pela janela. Não, isso não é liberdade! A liberdade nos é dada para que saibamos fazer boas escolhas na vida! Maria, como boa mãe, nos educa a sermos, como ela, capazes de fazer escolhas definitivas; escolhas definitivas, neste momento em que reina, por assim dizer, a filosofia do provisório. É muito difícil comprometer-se na vida de modo definitivo. E ela nos ajuda a fazer escolhas definitivas, com aquela liberdade plena com a qual respondeu "sim" ao plano de Deus sobre sua vida (cf. *Lc, 1, 38*).

Santo Rosário, 4 de maio de 2013.

Mães, rezem por seus filhos

Uma mãe sabe pedir, bater em todas as portas pelos próprios filhos, sem calcular, ela o faz por amor. E penso no modo como as mães sabem bater igualmente e sobretudo à porta do coração de Deus! As mães rezam muito por seus filhos, especialmente pelos mais frágeis, por aqueles que têm maiores necessidades, por aqueles que na vida seguiram caminhos perigosos ou errados.

Audiência geral, 18 de setembro de 2013.

Quem conhece os caminhos de uma mãe?

Respondendo ao anjo, Maria disse: "Eis aqui a serva do Senhor! Faça-se em mim segundo a Tua Palavra" (*Lc*, 1, 38). No seu "Eis-me" pleno de fé, Maria não sabe por quais caminhos deverá se aventurar, quais dores deverá suportar, quais riscos enfrentará. Mas está consciente de que é o Senhor que a interpela, e ela confia totalmente Nele, abandona-se ao Seu amor. Essa é a fé de Maria!

Angelus, 21 de dezembro de 2014.

Seja bela como Maria...

É bela a nossa Mãe. Maria nos sustenta em nossa caminhada para o Natal, porque nos ensina como viver este período do Advento à espera do Senhor. Pois este período do Advento é um tempo de espera pelo Senhor, que visitará todos nós na festividade e também cada um de nós em nosso coração. O Senhor está vindo! Esperemos por Ele!

O Evangelho de São Lucas nos apresenta Maria, uma jovem de Nazaré, pequena localidade na Galileia, nos confins do Império

Romano e também nos confins de Israel. Um pequeno povoado. No entanto, o olhar do Senhor pousou sobre ela, sobre aquela jovem daquele povoado distante, sobre aquela que Ele havia escolhido para ser Mãe de seu Filho. Em vista dessa maternidade, Maria foi preservada do pecado original, daquela fratura na comunhão com Deus, com os outros e com a criação, que fere profundamente todo ser humano. Mas essa fratura foi curada antecipadamente na Mãe daquele que veio para nos libertar da escravidão do pecado. A Imaculada está inscrita no desígnio de Deus; é fruto do amor de Deus que salva o mundo.

Angelus, 8 de dezembro de 2013.

Como escutamos pouco as mães...

Cada ser humano deve a vida a uma mãe, e quase sempre lhe deve muito pela própria existência em seu desenvolvimento, pela formação humana e pela espiritual. No entanto, a mãe, embora sendo muito exaltada do ponto de vista simbólico — muitas poesias, muitas coisas bonitas se referem poeticamente à mãe —, é pouco escutada e pouco ajudada na vida diária, além de ser pouco considerada em seu papel central na sociedade. Na verdade, frequentemente, aproveita-se da disponibilidade das mães a se sacrificarem pelos filhos para "fazer economia" nas despesas sociais.

Acontece que, mesmo na comunidade cristã, a mãe nem sempre é devidamente valorizada, além de ser pouco ouvida. No entanto, no centro da vida da Igreja está a Mãe de Jesus. Talvez as mães, prontas a tantos sacrifícios pelos próprios filhos, e não raramente também pelos filhos de outros, devessem ser mais escutadas. É necessário compreender melhor a sua luta diária a fim de serem eficientes no trabalho e atentas e afetuosas em família; é necessário compreender melhor quais são suas aspirações a fim de explicitar os melhores e autênticos resultados de sua emancipação. Uma mãe sempre tem problemas e trabalho com os filhos. Lembro-me de que, em casa, éramos cinco filhos e enquanto um fazia uma travessura, o outro fazia outra, e a minha pobre mãe corria de um lado para o outro. Mas ela era feliz. Deu-nos tanto.

Audiência geral, 7 de janeiro de 2015.

Mães que sempre defendem os filhos

Quando um filho cresce, torna-se adulto, segue seu caminho, assume suas responsabilidades, caminha com as próprias pernas, faz aquilo que quer. E, às vezes, acontece também de sair do caminho, de acontecer algum infortúnio. Em todas as situações, a mãe sempre tem paciência para continuar a acompanhar os filhos. O que a impele é a força do amor; a mãe sabe seguir com discrição e ternura o caminho dos filhos e, mesmo quando eles erram, ela sempre encontra o modo de compreendê-los, ficar próxima deles, ajudá-los. Na minha terra, dizemos que uma mãe sabe *"dar la cara"*. O que isso quer dizer? Quer dizer que uma mãe se expõe pelos próprios filhos, isto é, tem o ímpeto de defendê-los, sempre. Penso nas mães que sofrem pelos filhos numa prisão, ou que se encontram em outras situações difíceis: não se perguntam se eles são culpados ou não, continuam a amá-los e, muitas vezes, sofrem humilhações. Mas não têm medo, não param de doar-se.

Audiência geral, 18 de setembro de 2013.

Não eduquem para a preguiça!

Maria é mãe, e uma mãe se preocupa sobretudo com a saúde de seus filhos, sabe cuidar deles, sempre, com amor grande e terno. Nossa Senhora protege a nossa saúde. O que significa isso, que Nossa Senhora protege a nossa saúde? Ela nos ajuda a crescer, a enfrentar a vida, a sermos livres.

Uma mãe ajuda os filhos a *crescerem* e quer que cresçam bem; por isso os educa a não cederem à preguiça — que deriva inclusive de um certo bem-estar —, a não se acostumarem a uma vida cômoda na qual o contentamento resulta somente da posse de coisas. A mãe cuida dos filhos para que cresçam sempre mais, cresçam fortes, capazes de assumir responsabilidades, empenhar-se na vida, aspirar a grandes ideais.

Santo Rosário, 4 de maio de 2013.

Há um tesouro em cada mulher

Vocês aspiram a consolidar, com a sua vida, a ternura e a fidelidade. Vocês estão no caminho das mulheres que seguiam Jesus, na boa e na má sorte. A mulher tem o grande tesouro de poder dar a vida, de poder dar ternura, de poder dar paz e alegria. Há um único modelo para vocês: Maria, a mulher da fidelidade, aquela que não compreendia o que estava acontecendo, mas obedeceu. Aquela que, quando soube aquilo de que sua prima necessitava, procurou-a depressa, a Virgem da Prontidão. Aquela que fugiu como refugiada para um país estrangeiro a fim de salvar a vida de seu Filho. Aquela que ajudou seu Filho a crescer e acompanhou-O, e quando seu Filho começou a pregar, ela O seguiu. Aquela que sofreu tudo o que estava acontecendo àquele menino, àquele rapaz crescido. Aquela que estava ao lado de seu Filho e dizia-lhe quais eram os problemas: "Veja, eles não têm vinho". Aquela que, no momento da Cruz, estava ao lado Dele.

Mensagem por vídeo, 26 de abril de 2014.

Uma mãe e a regra de ouro da hospitalidade

Nas famílias cristãs mais simples sempre foi sagrada a regra da hospitalidade: nunca faltar um prato e um leito para quem necessita. Certa vez, uma mãe me contou — na outra diocese — que queria ensinar isso a seus filhos, e dizia-lhes para ajudar e dar de comer a quem tem fome. Tinha três filhos. Um dia, durante o almoço — o pai estava fora, trabalhando, ela estava com os três filhos, pequeninos, 7, 5 e 4 anos mais ou menos —, bateram à porta. Era um senhor que pedia comida. E a mãe lhe disse:

— Espere um momento.

Voltou para dentro e disse aos filhos:

— Lá fora está um senhor que pede comida, o que fazemos?

— Vamos dar comida para ele, mamãe, vamos dar!

Cada um tinha no prato um bife com batata fritas.

— Tudo bem — falou a mãe —, vamos cortar a metade do bife de cada um de vocês e damos cada metade a ele.

— Ah, não, mamãe, isso não está certo! Você deve dar da sua parte.

E assim essa mãe ensinou aos filhos a dar de comer da *própria* parte. Esse é um belo exemplo que me ajudou muito.

— Mas não está me sobrando nada...!

— Dê uma parte do que você tem!

Assim nos ensina a mãe Igreja. E vocês, mães, sabem o que devem fazer para ensinar a seus filhos a compartilharem o que têm com quem necessita.

Audiência geral, 10 de setembro de 2014.

Não sejam mulheres zangadas!

A mulher tem a capacidade de dar vida e ternura que nós, homens, não temos. Vocês são mulheres da Igreja. Da Igreja ou "do" Igreja? Não, não é "o" Igreja, é "a" Igreja. A Igreja é feminina, é como Maria. Este é o lugar de vocês. Ser Igreja, formar a Igreja, permanecer ao lado de Jesus, dar ternura, acompanhar, cuidar do crescimento.

Que Maria, Nossa Senhora da Carícia, Nossa Senhora da Ternura, Nossa Senhora da Prontidão ao serviço, indique-lhes o caminho. Pois bem, agora, não se zanguem mais, pois conseguiram vencer os homens. Faço votos para que este dia termine bem para vocês. Que vocês encontrem Jesus, o Jesus Ressuscitado. E vou lhes dizer algo: não tenham medo! Olhem para Jesus, olhem para Maria, e sigam em frente.

Videomensagem, 26 de abril de 2014.

A universidade das mães é o coração

Eu me pergunto: o que faz uma mãe?
Antes de mais nada, ela ensina a caminhar na vida, ensina a comportar-se bem na vida, sabe como orientar os filhos, procura sempre indicar o caminho justo na vida para os filhos crescerem e se tornarem adultos. E faz isso com ternura, afeto e amor, mesmo quando procura endireitar o nosso caminho porque nos desviamos um pouco na vida ou seguimos estradas que levam a um precipício. A mãe sabe o que é importante para que o filho caminhe bem na vida, e ela não aprendeu isso nos livros, mas com o próprio coração. A universidade das mães é o seu coração! Ali elas aprendem a orientar os próprios filhos.

Audiência geral, 18 de setembro de 2013.

Não existe vida sem desafios

Uma mãe está pensando na saúde dos filhos ao educá-los também para *enfrentar as dificuldades da vida*. Não se educa, não se trata da saúde evitando problemas, como se a vida fosse uma autoestrada sem obstáculos. A mãe ajuda os filhos a olharem com realismo os problemas da vida, a não se perderem neles, a confrontá-los com coragem, a não serem fracos e a saberem superá-los, com um saudável equilíbrio que ela "sente" entre a área de segurança e a área de risco. E isso uma mãe sabe fazer! Nem sempre ela leva a criança pelo caminho da segurança, porque desse modo a criança não poderia se desenvolver. Mas tampouco deixa a criança somente no caminho do risco, porque isso é perigoso. Uma mãe sabe equilibrar as coisas. Uma vida sem desafios não existe, e um menino ou uma menina que não sabem enfrentá-los e lidar com eles é um menino ou uma menina sem espinha dorsal!

Santo Rosário, 4 de maio de 2013.

AS ORAÇÕES DO PAPA FRANCISCO À MÃE DE DEUS

SOB O TEU MANTO HÁ LUGAR PARA TODOS
Oração jubilar

Virgem Maria,
neste dia de festa
pela tua Imaculada Conceição,
venho apresentar-te a homenagem de fé e de amor
do povo santo de Deus
que vive nesta cidade e Diocese.

Venho em nome das famílias,
com suas alegrias e fadigas;
das crianças e dos jovens, abertos à vida;
dos idosos, carregados de anos e de experiência;
de modo particular venho diante de ti
da parte dos doentes, dos presos,
de quem sente mais sofrido o caminho.

Como Pastor venho também em nome de todos
que chegaram de terras longínquas
em busca de paz e trabalho.

Sob o teu manto há lugar para todos,
porque tu és a Mãe da Misericórdia.

O teu coração está cheio de ternura
para com todos os teus filhos:
a ternura de Deus, que de ti tomou carne
e tornou-se nosso irmão, Jesus,
Salvador de todos os homens e mulheres.

Olhando para ti, Mãe Imaculada,
reconhecemos a vitória da divina misericórdia
sobre o pecado e sobre todas as suas consequências;
e reacende-se em nós a esperança por uma vida melhor,
livre de escravidão, rancores e receios.

Hoje ouvimos a tua voz de mãe
que chama todos a começarem a caminhar
rumo àquela Porta, que representa Cristo.
A todos, tu dizes: "Vinde, aproximai-vos confiantes;
entrai e recebei o dom da Misericórdia;
não tenhais medo, não tenhais vergonha:
o Pai vos espera de braços abertos
para vos conceder o Seu perdão
e acolher-vos na Sua casa.
Vinde todos à nascente da paz e da alegria".

Agradecemos-te, Mãe Imaculada,
porque neste caminho de reconciliação
tu não nos fazes caminhar sozinhos, mas nos acompanhas,
estás ao nosso lado e nos amparas em toda dificuldade.
Que tu sejas bendita, agora e sempre, Mãe.
Amém.

Terça-feira, 8 de dezembro de 2015.

Oração a Maria, mulher da escuta

Maria, mulher da escuta,
abre os nossos ouvidos;
faz que saibamos ouvir a Palavra do teu Filho Jesus,
no meio das mil palavras deste mundo;
faz que saibamos ouvir a realidade em que vivemos,
cada pessoa que encontramos,
especialmente quem é pobre e necessitado,
quem está em dificuldade.

Maria, mulher da decisão,
ilumina a nossa mente e o nosso coração,
para que saibamos obedecer à Palavra
de teu Filho Jesus, sem hesitações;
concede-nos a coragem da decisão,
de não nos deixarmos arrastar
para que outros orientem a nossa vida.

Maria, mulher da ação,
faz com que as nossas mãos e os nossos pés
movam-se "apressadamente" na direção dos outros,
para levar a caridade e o amor do teu Filho Jesus,
para levar ao mundo, como tu,
a luz do Evangelho.
Amém.

31 de maio de 2013.

Oração a Maria, Mãe do silêncio

Mãe do silêncio,
que conservas o mistério de Deus,
liberta-nos da idolatria do presente,
à qual se condena quem esquece.

Purifica os olhos dos pastores
com o colírio da memória:
voltaremos ao viço das origens,
para uma Igreja orante e penitente.

Mãe da beleza,
que floresce pela fidelidade ao trabalho diário,
desperta-nos do torpor da preguiça,
da mesquinhez e do derrotismo.
Reveste os pastores com aquela compaixão
que unifica e integra:
descobriremos a alegria de uma Igreja
serva, humilde e fraterna.

Mãe da ternura,
que envolve de paciência e de misericórdia,
ajuda-nos a dissipar as tristezas, as impaciências e a rigidez
de quem não conhece o pertencimento.

Intercede junto a teu Filho
para que sejam ágeis as nossas mãos,
os nossos pés e os nossos corações:
edificaremos a Igreja com a verdade na caridade.
Mãe, seremos o Povo de Deus,
peregrinante em direção ao Reino.
Amém.

23 de maio de 2013.

Oração a Maria, Mãe do caminho

Ave, Maria...
Senhor, Tu deixaste no meio de nós Tua Mãe
para que nos acompanhasse.
Que ela cuide de nós
e nos proteja em nosso caminho,
em nosso coração, em nossa fé.
Que nos faça discípulos como ela o foi,
e missionários como também ela o foi.
Que nos ensine a sair pelas ruas.
Que nos ensine a sair de nós mesmos.
Que com a sua ternura, a sua paz,
nos indique o caminho.

Discurso, 25 de julho de 2013.

Toda dor oculta uma esperança

Onde nasce Deus, nasce a esperança:
Ele traz a esperança.
Onde nasce Deus, nasce a paz.

Mensagem de Natal, 2015.

Você pode habitar a terra onde nasce a esperança

Onde nasce Deus, nasce a esperança; e onde nasce a esperança, as pessoas reencontram a dignidade. Todavia, ainda hoje há multidões de homens e mulheres privados de sua dignidade humana e que, como o Menino Jesus, sofrem pelo frio, pela pobreza e pela rejeição dos homens. Que chegue a nossa solidariedade aos mais indefesos, sobretudo aos meninos-soldados, às mulheres que sofrem violência, às vítimas do tráfico de seres humanos e do narcotráfico.

Que o Senhor dê esperança àqueles que não têm trabalho — e são muitos! — e sustente o compromisso de quantos têm responsabilidades públicas nas áreas política e econômica a fim de empenharem-se na busca do bem comum e na proteção da dignidade de cada vida humana.

Mensagem de Natal, 2015.

Deus ainda confia em você

Eu gostaria de refletir sobre o Natal de Jesus, festa da confiança e da esperança, que supera a incerteza e o pessimismo. E a razão de nossa esperança é a seguinte: Deus está ao nosso lado, Deus ainda confia em nós! Mas pensem bem nisto: Deus está conosco e ainda confia em nós. Este Deus Pai é generoso! Ele vem morar com os homens, escolhe a terra como sua morada para estar ao lado do homem e encontrar-se lá onde o homem transcorre seus dias na alegria ou na dor. Portanto, a terra não é mais somente um "vale de lágrimas", mas é o lugar onde o próprio Deus construiu a sua tenda, o lugar do encontro de Deus com o homem, da solidariedade de Deus com os homens.

Audiência geral, 18 de dezembro de 2013.

Não nos deixemos acovardar!

Não podemos nos deixar levar pelo cansaço; não nos é consentida nenhuma forma de tristeza, mesmo se tivermos motivos para as muitas preocupações e para as múltiplas formas de violência que ferem esta nossa humanidade. Porém, a vinda do Senhor deve encher o nosso coração de alegria. O profeta que traz inscrito no seu próprio nome, Sofonias, o conteúdo de seu anúncio de que o Senhor está firmemente no controle do Seu mundo abre nosso coração à confiança: "Deus protege" o Seu povo. Num contexto histórico de grandes injustiças e violências, praticadas sobretudo por homens de poder, Deus faz saber que Ele próprio reinará sobre o Seu povo, que não o deixará mais à mercê da arrogância de seus governantes e que o libertará de qualquer angústia. Hoje nos é pedido que não nos deixemos acovardar (cf. *Sf* 3, 16) por causa da dúvida, da impaciência e do sofrimento.

Homilia, 13 de dezembro de 2015.

Entre a paz e a rejeição

Hoje, desejo fazer ressoar com força uma palavra que nos é muito cara: paz! Esta chega até nós pela voz da multidão de anjos, que a anuncia na noite de Natal (cf. *Lc* 2, 14) como dom precioso de Deus e, ao mesmo tempo, indica-a a nós como responsabilidade pessoal e social que nos deve encontrar solícitos e operosos. Mas, ao lado da paz, o presépio nos conta também uma outra realidade dramática: a da rejeição. Em algumas representações iconográficas, tanto do Ocidente como do Oriente — penso, por exemplo, no esplêndido ícone da Natividade de Andrej Rublëv —, o Menino Jesus não aparece reclinado num berço, mas deposto num sepulcro. A imagem, que pretende associar as duas principais festas cristãs — o Natal e a Páscoa —, mostra que, ao lado do acolhimento jubiloso motivado pelo novo nascimento, está todo o drama de que Jesus é objeto, desprezado e rejeitado até a morte na cruz.

Discurso, 12 de janeiro de 2015.

Deixemos a dúvida para os céticos

Nesta noite, resplandece "uma grande luz" (cf. *Is* 9, 1); sobre todos nós refulge a luz do nascimento de Jesus. Como são verdadeiras e atuais as palavras que ouvimos do profeta Isaías: "Multiplicaste sua alegria, redobraste sua felicidade" (9, 2)! O nosso coração já estava cheio de alegria pela espera deste momento; mas agora, porém, aquele sentimento vem multiplicado e transborda, porque a promessa se cumpriu, finalmente se realizou. Júbilo e alegria nos garantem que a mensagem contida no mistério desta noite provém verdadeiramente de Deus. Não há lugar para a dúvida; deixemos esta aos céticos que, por interrogarem somente a razão, nunca encontram a verdade. Não há espaço para a indiferença que domina no coração de quem é incapaz de amar porque tem medo de perder alguma coisa. Que se afugente toda a tristeza, porque o Menino Jesus é o verdadeiro consolador do coração.

Homilia, 24 de dezembro de 2015.

Seja você também vida, luz, esperança, amor

No mistério da Encarnação do Filho de Deus há também um aspecto ligado à liberdade humana, à liberdade de cada um de nós. De fato, o Verbo de Deus coloca a sua tenda entre nós, pecadores e necessitados de misericórdia. E todos nós deveremos nos apressar a receber a graça que Ele nos oferece. Em vez disso, continua o Evangelho de São João, "os Seus não a acolheram" (1, 11). Também nós muitas vezes o rejeitamos, preferimos permanecer na clausura de nossos erros e na angústia de nossos pecados. Mas Jesus não desiste e não cessa de se oferecer a si próprio e a Sua Graça que nos salva! Jesus é paciente, Jesus sabe esperar, espera-nos sempre. Esta é uma mensagem de esperança, uma mensagem de salvação, antiga e sempre nova. E nós somos chamados a testemunhar com alegria esta mensagem do Evangelho da vida, do Evangelho da luz, da esperança e do amor. Porque a mensagem de Jesus é: vida, luz, esperança, amor.

Angelus, 5 de janeiro de 2014.

Não sejamos infelizes no dia da nossa salvação

Onde nasce Deus, floresce a misericórdia. Esse é o dom mais precioso que Deus nos dá, especialmente neste ano jubilar no qual somos chamados a descobrir a ternura que nosso Pai celeste sente por cada um de nós. Que o Senhor conceda, particularmente aos encarcerados, experimentar o Seu amor misericordioso, que cura as feridas e vence o mal.

E assim, juntos, *exultemos no dia da nossa salvação*. Contemplando o presépio, fixemos o olhar nos braços abertos de Jesus, que nos mostram o abraço misericordioso de Deus, enquanto ouvimos o vagido do Menino que nos sussurra: "Por amor a meus irmãos e a meus amigos eu direi: 'Paz para ti'"! (*Sl* 121 [122], 8).

Mensagem natalícia, 2015.

Que toda manhã, ao despertar, digamos: "Que hoje o Senhor faça resplandecer a Sua face sobre mim"

No início do ano é bonito trocar os bons votos. Assim renovamos, uns aos outros, o desejo de que aquilo que nos espera seja um pouco melhor. No fundo, é *um sinal da esperança* que nos anima e nos convida a crer na vida. No entanto, sabemos que, com o novo ano, nem tudo mudará e muitos problemas de ontem subsistirão também amanhã. Então, gostaria de dirigir-lhes os bons votos sustentados por *uma esperança real*, que extraio da Liturgia.

São as palavras com as quais o próprio Senhor pediu para abençoar o Seu povo: "O Senhor faça brilhar sobre ti Sua face [...]. O Senhor volte para ti o Seu rosto..." (*Nm* 6, 25-26). Também eu lhes desejo isto: que o Senhor pouse o Seu olhar sobre vocês e vocês possam rejubilar-se, sabendo que, cada dia, o Seu semblante misericordioso, mais radioso do que o sol, brilha sobre vocês e nunca se põe!

Angelus, 1º de janeiro de 2016.

Compartilhe as lágrimas, compartilhe o sorriso!

Quem se converte e se aproxima do Senhor, sente alegria. O profeta Sofonias diz-nos hoje: "Grita de alegria, filha de Sião!", voltando o pensamento para Jerusalém (*Sf* 3,14); e o apóstolo Paulo exorta assim os cristãos de Filipos: "Alegrai-vos sempre no Senhor" (*Fl* 4, 4). Hoje é preciso ter coragem para falar de alegria; é necessário, sobretudo, ter fé! O mundo está assolado por muitos problemas, o futuro está assolado por tantos problemas, o futuro sobrecarregado por incógnitas e temores. Contudo, o cristão é uma pessoa jubilosa e a sua alegria não é algo superficial e efêmero, mas profundo e estável, porque é um dom do Senhor que preenche a vida. A nossa alegria deriva da certeza de que "o Senhor está próximo" (*Fl* 4, 5): está próximo com a Sua ternura, a Sua misericórdia, o Seu perdão e o Seu amor.

Que a Virgem Maria nos ajude a fortalecer a nossa fé, para que saibamos acolher o Deus da alegria, o Deus da misericórdia, que sempre quer habitar no meio dos Seus filhos. E que a nossa Mãe nos ensine a compartilhar as lágrimas com quem chora, para poder compartilhar também o sorriso.

Angelus, 13 de dezembro de 2015.

A VARINHA MÁGICA DE DEUS É... A TERNURA

Descobrir o semblante de Deus renova a vida. Porque Ele é um Pai que ama o homem, não se cansa nunca de recomeçar desde o princípio junto a nós para renovar-nos. Mas o Senhor é deveras paciente conosco! Não se cansa de recomeçar desde o princípio toda vez que caímos. Contudo, o Senhor não promete mudanças mágicas, não usa a varinha mágica. Ele gosta de mudar a realidade a partir de dentro, com paciência e amor; pede para entrar na nossa vida com delicadeza, como a chuva que cai sobre a terra para depois dar frutos. E sempre nos espera e nos olha com ternura. Que todas as manhãs, ao acordarmos, possamos dizer: "Hoje o Senhor faz resplandecer o Seu semblante para mim". Esta bela oração é uma realidade.

Angelus, 1º de janeiro de 2016.

Quem tem esperança, tem os olhos abertos

Quando me encontro com uma pessoa que tem a virtude da esperança e encontra-se num momento difícil de sua vida — seja uma doença, uma preocupação por um filho ou uma filha ou alguém da família, qualquer coisa —, mas tem essa virtude, em meio à dor, seus olhos estão abertos, ela tem a liberdade de ver além, sempre além. E essa é a esperança, é a profecia que a Igreja nos doa: nos são necessários mulheres e homens com esperança, mesmo em meio aos problemas. Porque a esperança abre horizontes, a esperança é livre, não é escrava, sempre encontra um meio para consertar uma situação.

Homilia em Santa Marta, 14 de dezembro de 2015.

Não se vende nem se compra a esperança

A esperança é como a Graça: não se pode comprar, é um dom de Deus. E nós devemos oferecer a esperança cristã com o nosso testemunho, com a nossa liberdade, com a nossa alegria. O dom da Graça que Deus nos dá traz a esperança. Nós, que temos a alegria de nos apercebermos que não somos órfãos, que temos um Pai, podemos permanecer indiferentes a essa cidade que nos pede, talvez também inconscientemente, sem o saber, uma esperança que a ajude a olhar o futuro com maior confiança e serenidade?

Discurso, 17 de junho de 2013.

Como será o meu ocaso?

A esperança é um pouco como o fermento, que faz dilatar sua alma; há momentos difíceis na vida, mas com a esperança a alma segue em frente e contempla aquilo que nos espera. Hoje é um dia de esperança. Nossos irmãos e irmãs estão na presença de Deus e também nós estaremos ali, por pura Graça do Senhor, se percorrermos o caminho de Jesus. O apóstolo João conclui: "Todo aquele que espera Nele purifica-se a si mesmo" (1 *Jo* 3, 3). A esperança também nos purifica, nos alivia; esta purificação na esperança em Jesus Cristo nos faz caminhar depressa, com prontidão. Nesta antecipação do pôr do sol de hoje, cada um de nós pode pensar no ocaso de sua vida: "Como será o meu ocaso?". Todos teremos um ocaso, todos! Encaro-o com esperança? Encaro-o com a alegria de ser acolhido pelo Senhor? Esse é um pensamento cristão, que nos incute paz. Hoje é um dia de alegria, mas de uma alegria serena, tranquila, da alegria da paz. Pensemos no ocaso de numerosos irmãos e irmãs que nos precederam, pensemos no nosso ocaso, quando virá. E pensemos em nosso coração e perguntemo-nos: "Onde meu coração está ancorado?". Se não estiver bem ancorado, vamos ancorá-lo lá, naquela margem, conscientes de que a esperança nunca decepciona, porque o Senhor Jesus nunca desilude.

Homilia, 1º de novembro de 2013.

AS ORAÇÕES DO PAPA FRANCISCO PARA NÃO PERDER A ESPERANÇA

Oração da esperança na Misericórdia
Jubileu da Misericórdia 2016

Senhor Jesus Cristo,
Tu que nos ensinaste a sermos misericordiosos
como o Pai celeste,
e nos disseste que quem Te vê, vê a Ele.
Mostrai-nos o Teu semblante e seremos salvos.
O Teu olhar pleno de amor
libertou Zaqueu e Mateus da escravidão do dinheiro;
a adúltera e Madalena
de colocar a felicidade apenas numa criatura;
fez Pedro chorar depois da traição,
e assegurou o Paraíso ao ladrão arrependido.
Faz com que cada um de nós escute como dirigidas a si
as palavras que disseste à samaritana:
Se tu conhecesses o dom de Deus!

Tu és o semblante visível do Pai invisível,
do Deus que manifesta Sua onipotência
sobretudo com o perdão e a misericórdia:
faz com que a Igreja seja no mundo o rosto visível de Ti,
Seu Senhor, ressuscitado e na glória.

Tu quiseste que os Teus ministros
fossem também eles revestidos de fraqueza
para sentir justa compaixão
por aqueles que estão na ignorância e no erro:
faz com que todos os que se aproximarem de cada um deles
se sintam esperados, amados e perdoados por Deus.

Envia o Teu Espírito
e consagra-nos todos com a sua unção
para que o Jubileu da Misericórdia
seja um ano de Graça do Senhor
e a Tua Igreja, com renovado entusiasmo,
possa levar aos pobres a alegre mensagem
proclamar aos prisioneiros e aos oprimidos a liberdade
e aos cegos restaurar a visão.

Nós pedimos por intercessão de Maria
Mãe da Misericórdia
a Ti que vives e reinas com o Pai e o Espírito Santo
por todos os séculos dos séculos.
Amém.

Ato de Consagração a Nossa Senhora de Fátima

Bem-aventurada Maria Virgem de Fátima,
com renovada gratidão
pela tua presença materna
unimos a nossa voz
à de todas as gerações
que te dizem bem-aventurada.

Celebramos em ti as grandes obras de Deus,
que nunca se cansa
de se inclinar com misericórdia sobre a humanidade,
afligida pelo mal e ferida pelo pecado,
para guiá-la e salvá-la.

Acolhe com benevolência de Mãe
o ato de consagração que hoje fazemos com confiança,
diante desta tua imagem a nós tão querida.
Estamos certos de que cada um de nós
é precioso aos teus olhos
e que nada te é desconhecido
de tudo o que habita em nossos corações.

Deixamo-nos alcançar pelo teu olhar dulcíssimo
e recebemos a carícia consoladora do teu sorriso.

Guarda a nossa vida entre os teus braços:
abençoa e fortalece todo desejo de bem;
reacende e alimenta a fé;
ampara e ilumina a esperança;
suscita e anima a caridade;
guia todos nós no caminho da santidade.

Ensina-nos o teu próprio amor especial
pelos pequeninos e pelos pobres,
pelos excluídos e sofredores,
pelos pecadores e os desnorteados de coração:
reúne todos sob a tua proteção
e recomenda todos a teu dileto Filho,
nosso Senhor Jesus.
Amém.

13 de outubro de 2013.

Toda dor moral requer paciência

*Se vocês têm algo de obscuro na alma,
peçam perdão ao Senhor.
O Natal é uma bela oportunidade
para purificar a alma!
Que a luz brilhe nos seus corações,
nas suas famílias, nas suas cidades.
E agora, com estes votos,
acendamos a luz.*

Discurso, 7 de dezembro de 2014.

Dez coisas frágeis para cuidar no próximo Natal...

Permitam-me exortá-los a transformar este Santo Natal numa verdadeira ocasião para "cuidar" de cada chaga e para "resolver" todas as deficiências.

Por isso exorto-os a:

1 *Cuidarem de sua vida espiritual*, de sua relação com Deus, porque ela é a coluna vertebral de tudo o que fazemos e de tudo o que somos. Um cristão que não se nutre com a oração, os Sacramentos e a Palavra de Deus, inevitavelmente definha e seca. Cuidem de vida espiritual.

2   *Cuidarem de sua vida familiar,* dando a seus filhos e a seus entes queridos não só dinheiro, mas sobretudo tempo, atenção e amor.

3   *Cuidarem de suas relações com os outros,* transformando a fé em vida e as palavras em boas obras, especialmente para os mais necessitados.

4   *Cuidarem de seu modo de falar,* purificando a língua de palavras ofensivas, vulgaridades e discursos de decadência mundana.

5   *Cuidarem das mágoas do coração com o óleo do perdão,* perdoando as pessoas que nos feriram e medicando as feridas que provocamos nos outros.

6   *Cuidarem de seu trabalho,* realizando-o com entusiasmo, humildade, competência, paixão, com ânimo que leva a dar graças ao Senhor.

7   *Curarem-se da inveja,* da concupiscência, do ódio e dos sentimentos negativos que devoram nossa paz interior e nos transformam em pessoas destruídas e destrutivas.

8   *Curarem-se do rancor* que nos leva à vingança, da preguiça que nos leva à eutanásia existencial, da vontade de apontar o dedo que nos leva ao orgulho e da lamentação contínua que nos leva ao desespero. Sei que, às vezes, para manter o trabalho, fala-se mal de alguém para defesa própria. Compreendo essas situações, mas elas nunca acabam bem. No fim, destruímo-nos uns aos outros e isso não funciona. Antes, peçamos ao Senhor a sabedoria de saber morder a língua a tempo para evitar palavras injuriosas que depois deixam a boca amarga.

9   *Cuidarem dos irmãos mais fracos:* vi muitos exemplos bonitos entre vocês sob este aspecto e agradeço-lhes. Isto é, cuidar dos idosos, dos doentes, dos famintos, dos desabrigados e dos estrangeiros, porque por isso seremos julgados.

10 *Cuidarem para que o Santo Natal não seja nunca uma festa de consumismo comercial,* de aparência, de presentes inúteis, de desperdícios supérfluos, mas que seja uma festa da alegria de acolher o Senhor no presépio e no coração.

Discurso, 22 de dezembro de 2014.

...E OUTRAS PEQUENAS INSTRUÇÕES PARA CUIDAR DE NOSSO CORAÇÃO:

1 *Não abaixar a cabeça quando a realidade parece feia.* Quando pensamos no fim, no fim da nossa vida, no fim do mundo, cada um de nós terá o próprio fim; quando pensamos no fim, com todos os nossos pecados, com toda a nossa história, pensemos antes no banquete que gratuitamente nos será dado e levantemos a cabeça. Por isso, nada de depressão, mas esperança. É verdade, a realidade é feia: há tantos povos, tantas cidades e gente, muita gente, que sofre; há muitas guerras, muito ódio, muita inveja, muita mundanidade espiritual e muita corrupção. Mas tudo isso se extinguirá... Devemos pedir ao Senhor a graça de estarmos preparados para o banquete que nos espera, com a cabeça sempre erguida.

Homilia em Santa Marta, 27 de novembro de 2014.

2 *Andar na luz, não na escuridão.* "Deus é luz e Nele não há trevas" (1 *Jo* 1,5). Ao contrário, no que diz respeito às pessoas, alternam-se momentos de luz e escuridão, fidelidade e infidelidade, obediência e rebelião; momentos de povo peregrino e momentos de povo errante.

Também na nossa história pessoal alternam-se momentos luminosos e escuros, luzes e sombras. Se amamos a Deus e aos irmãos, andamos na luz; mas se o nosso coração se fecha, prevalece-se em nós o orgulho, a mentira, a busca do próprio interesse, então descem as trevas em nosso interior e ao nosso redor. "Mas o que odeia seu irmão" — escreve o apóstolo João — "está nas trevas, caminha nas trevas, e não sabe aonde vai, porque as trevas ofuscaram os seus olhos" *(1 Jo 2, 11)*. Povo a caminho, porém, povo peregrino que não quer ser povo errante.

Homilia, 24 de dezembro de 2013.

3   *Não se esquecer de algumas pequenas perguntas.* O cristão é um homem ou uma mulher de esperança, porque sabe que o Senhor virá...
Como espero Jesus?...
Espero por Ele ou não O espero?
Creio nesta esperança, que Ele virá...
Meu coração está aberto para ouvir quando Ele bater à porta, quando Ele abrir a porta?

Homilia em Santa Marta, 21 de outubro de 2014.

4   *Cultivar a gratuidade.* Precisamos do sentido de gratuidade: nas famílias, nas paróquias, em toda a sociedade. E quando pensamos que o Senhor se revelou a nós na gratuidade, ou seja, como Graça, isto é ainda mais importante. A necessidade de gratuidade humana é como abrir o coração à Graça de Deus. Tudo é grátis: Ele vem e concede-nos a Sua Graça. Mas se não tivermos o sentido da gratuidade na família, na escola e na paróquia, será muito difícil para nós compreendermos em que consiste a Graça de Deus, aquela Graça que não se vende, não se compra, é um presente, é um dom de Deus: é o próprio Deus. E por isso eles são órfãos de gratuidade.

Discurso, 16 de junho de 2014.

5   *Ofereça aos outros o bem que você encontrou.* Há pessoas que vivem sem esperança. Cada um de nós pode pensar, em silêncio, nas pessoas que vivem sem esperança e estão imersas numa profunda tristeza, da qual procuram sair acreditando encontrar a felicidade no álcool, na droga, nos jogos de azar, no poder do dinheiro, na sexualidade desregrada... Mas acabam se sentindo ainda mais desiludidas e, por vezes, descarregam sua raiva pela vida por meio de comportamentos violentos e indignos do homem. Quantas pessoas tristes, sem esperança! Pensem também em muitos jovens que, depois de terem experimentado tantas coisas, não encontram sentido na vida e procuram o suicídio como solução. Vocês sabem quantos suicídios de jovens há atualmente no mundo? A cifra é alta! Por quê? Não têm esperança. Experimentaram tantas coisas, e a sociedade, que é cruel — é cruel! —, não nos pode dar esperança.

Discurso, 17 de junho de 2013.

6   *Lance a âncora no lugar certo.* A esperança não nos ilude. Ela é segura. Esperança não é otimismo, não é a capacidade de olhar as coisas com bom ânimo e seguir adiante... Isso é uma coisa boa, mas não é esperança.

Diz-se que a esperança é a mais humilde das três virtudes, porque se esconde na vida. A fé se vê, sente-se, sabe-se o que é; a caridade se faz, sabe-se o que é. Mas o que é a esperança?... Para nos aproximarmos mais podemos dizer, em primeiro lugar, que é um risco. A esperança é uma virtude arriscada, uma virtude, como diz São Paulo, de uma expectativa fervorosa pela revelação do Filho de Deus. Não é uma ilusão.

Ter esperança significa uma atitude de tensão na expectativa da revelação, na expectativa da alegria que fará nossa boca se abrir num grande sorriso. É bonita essa imagem! Os primeiros cristãos a representavam como uma âncora. A esperança era uma âncora.

Mas onde nós estamos ancorados? Estamos ancorados às margens daquele oceano longínquo ou numa lagoa artificial feita por nós, com as nossas regras, nossos comportamentos, nossos horários, nossos clericalismos, nossas atitudes eclesiásticas — não eclesiais, veja bem! Estamos ancorados onde tudo é cômodo e seguro? Esta não é a esperança...

Homilia em Santa Marta, 29 de outubro de 2013.

7   *Saber esperar o amanhã de Deus.* Às vezes penso: sabemos esperar o amanhã de Deus? Ou o queremos hoje? O amanhã de Deus é para Nossa Senhora o amanhecer da Páscoa, daquele primeiro dia da semana. Fará bem a nós pensar na contemplação, no abraço do Filho com a Mãe. A única lâmpada acesa no sepulcro de Jesus é a esperança da Mãe, que naquele momento é a esperança de toda a humanidade. Pergunto a mim mesmo e a vocês: no mosteiro ainda está acesa aquela lâmpada? Nos mosteiros se espera o amanhã de Deus?

Devemos muito a esta Mãe! Nela, presente em cada momento da história da Salvação, vemos um testemunho sólido de esperança. Ela, Mãe de esperança, nos sustenta nos momentos de escuridão, de dificuldade, de desconforto, de aparente derrota ou de verdadeiras derrotas humanas. Maria, esperança nossa, ajuda-nos a fazer da nossa vida uma oferta devotada ao Pai Celeste e um dom jubiloso para os nossos irmãos, uma postura que sempre olha para o amanhã.

Discurso, 21 de novembro de 2013.

Todo Natal traz em si um pequeno Calvário

No martírio de Estêvão, reproduz-se o mesmo confronto entre o bem e o mal, entre o ódio e o perdão, entre a brandura e a violência que atingiu seu ápice na Cruz de Cristo. A memória do primeiro mártir surge assim, imediatamente, para dissolver uma falsa imagem do Natal: a imagem fabulosa e artificial, que não existe no Evangelho! A liturgia reconduz-nos ao sentido autêntico da Encarnação, relacionando Belém com o Calvário, recordando-nos de que a salvação divina implica a luta contra o pecado e passa através da porta estreita da Cruz. Este é o caminho que Jesus indicou claramente a seus discípulos, como atesta o Evangelho: "Sereis odiados por todos, por causa do meu nome. Mas quem perseverar até o fim, esse será salvo" (Mt 10, 22).

Por isso rezamos de modo particular pelos cristãos que sofrem discriminações por causa do testemunho prestado a Cristo e ao Evangelho. Estamos próximos desses irmãos e irmãs que, como Santo Estêvão, são injustamente acusados e feitos objetos de violência de vários tipos. Infelizmente, estou certo de que são mais numerosos hoje do que nos primeiros tempos da Igreja. Há tantos! Isso acontece, sobretudo, onde a liberdade religiosa ainda não é garantida ou não está plenamente realizada. Porém, também acontece em países e ambientes que, no papel, tutelam a liberdade e os direitos humanos, mas onde, de fato, os crentes e, sobretudo, os cristãos encontram limitações e discriminações. Gostaria de pedir-lhes que rezem por esses irmãos e irmãs, um momento, em silêncio. E os confiemos a Nossa Senhora.

Angelus, 26 de dezembro de 2013.

Ensinemos os valores!

Deus caminha ao lado de vocês, em nenhum momento os abandona! Nunca percamos a esperança! Nunca deixemos que ela se apague em nosso coração! O "dragão", o mal está em nossa história, mas ele não é o mais forte. O mais forte é Deus, e Deus é a nossa esperança! É verdade que hoje quase todas as pessoas, e também os nossos jovens, experimentam o fascínio por tantos ídolos que se colocam no lugar de Deus e parecem dar esperança: dinheiro, sucesso, poder, prazer. Frequentemente, uma sensação de solidão e de vazio entra no coração de muitos e conduz à busca de compensações, desses ídolos passageiros. Queridos irmãos e irmãs, sejamos luzes da esperança! Tenhamos uma visão positiva da realidade. Encorajemos a generosidade que caracteriza os jovens, acompanhando-os no processo de se tornarem protagonistas da construção de um mundo melhor: eles são um motor potente para a Igreja e para a sociedade. Não precisam somente de coisas, precisam sobretudo que lhes sejam propostos os valores imateriais que são o coração espiritual de um povo, a memória de um povo. Neste Santuário Nacional de Nossa Senhora Aparecida, que faz parte da memória do Brasil, podemos quase lê-los: espiritualidade, generosidade, solidariedade, perseverança, fraternidade, alegria; trata-se de valores que encontram sua raiz mais profunda na fé cristã.

Homilia, 24 de julho de 2013.

Testemunhe com o seu sorriso!

Nós não podemos ser indiferentes. Mas como podemos fazer isso? Como podemos seguir em frente e oferecer esperança? Ir pelas ruas dizendo: "Eu tenho esperança". Não! Com o seu testemunho, com o seu sorriso, diga: "Eu creio que tenho um Pai". O anúncio do Evangelho é este: com a minha palavra, com o meu testemunho dizer "Eu tenho um Pai. Não somos órfãos. Temos um Pai", e devemos compartilhar esta filiação com o Pai e com todos os outros. "Pai, agora compreendo: trata-se de convencer os outros, de fazer prosélitos!" Não, nada disso. O Evangelho é como a semente: você a semeia, semeia-a com a sua palavra e o seu testemunho. E, depois, não faça a estatística do resultado; é Deus quem a faz. Ele faz crescer essa semente; mas devemos semear com aquela certeza de que a água é Ele quem a dá, o crescimento é Ele quem o dá. E nós não fazemos a colheita: ela será feita por outro sacerdote, outro leigo, outra leiga, alguém a fará. Mas sentiremos a alegria de semear com o testemunho, porque com a palavra somente não basta, não é suficiente. A palavra sem o testemunho é ar. As palavras não bastam.

Discurso, 17 de junho de 2013.

Não se deixe controlar pelo medo

Diz-nos o Evangelho que, chegados a Jerusalém, os Magos deixaram de ver a estrela durante algum tempo. Não a viam mais. Em particular, a sua luz está ausente no palácio do rei Herodes: aquela habitação é tenebrosa, ali reinam a escuridão, a desconfiança, o medo, a inveja. De fato, Herodes mostra-se suspeitoso e preocupado com o nascimento de um frágil menino que ele sente como um rival. Na realidade, Jesus não veio para derrubar um miserável fantoche como Herodes, mas o Príncipe deste mundo! Todavia, o rei e os seus conselheiros sentem os suportes do seu poder se abalarem, temem que sejam invertidas as regras do jogo, desmascaradas as aparências. Todo um mundo edificado sobre o domínio, o sucesso, a riqueza e a corrupção é posto em crise por um menino! E Herodes chega a ponto de matar os meninos. "Tu matas o corpo das crianças, porque o temor te matou o coração" — escreve São Quodvultdeus (*Sermão 2, sobre o Símbolo: PL* 40, 655). É assim: ele tinha medo e por esse medo enlouqueceu.

Homilia, 6 de janeiro de 2014.

AS ORAÇÕES DO PAPA FRANCISCO POR UM MUNDO À ESPERA DE RENOVAÇÃO

Ensina-nos a sonhar

Senhor Jesus, eu Te agradeço porque estou aqui.
Agradeço-Te por ter me dado irmãos
que Te encontraram, Jesus,
que Te conhecem, Jesus,
que sabem que Tu, seu Deus, és a sua fortaleza.
Jesus, peço-Te pelos rapazes e pelas moças
que não sabem que és a sua fortaleza,
e que têm medo de viver,
medo de serem felizes,
têm medo de sonhar.
Jesus, ensina-nos a sonhar,
a sonhar coisas grandes, coisas belas,
coisas que mesmo parecendo do dia a dia
são coisas que engrandecem o coração.
Senhor Jesus, dá-nos fortaleza,
dá-nos um coração livre,
dá-nos esperança,
dá-nos amor,
e ensina-nos a servir.
Amém.

Discurso, 12 de julho de 2015.

Oração da ternura e da harmonia

Deus onipotente,
que estás presente em todo o universo
e na mais pequenina das Tuas criaturas,
Tu que abraças, com a Tua ternura,
tudo o que existe,
derrama sobre nós a força do Teu amor
para podermos proteger
a vida e a beleza.
Inunda-nos de paz,
para podermos viver como irmãos e irmãs
sem prejudicar ninguém.

Ó, Deus dos pobres,
ajuda-nos a resgatar os abandonados
e os esquecidos desta terra
tão preciosos a Teus olhos.

Traz a cura para nossas vidas,
para podermos proteger o mundo
e não depredá-lo,
para podermos semear beleza,
e não poluição e destruição.
Toca os corações
daqueles que buscam apenas ganhos
à custa dos pobres e da terra.

Ensina-nos a descobrir o valor de cada coisa,
a contemplar com reverência,
a reconhecer que estamos profundamente unidos
a todas as criaturas
em nosso caminho para a Tua luz infinita.

Obrigado por estar conosco todos os dias.
Sustenta-nos, por favor, em nossa luta
por justiça, amor e paz.

Laudato si', n. 246.

Oração cristã em união com a criação

Nós Te louvamos, Pai, com todas as Tuas criaturas,
que saíram da Tua mão poderosa.
Elas são Tuas e estão repletas com a Tua presença
e a Tua ternura.

Louvado sejas!
Filho de Deus, Jesus,
por Tu foram criadas todas as coisas.
Tomaste forma no ventre materno de Maria,
Tu Te tornaste parte desta terra,
e contemplaste este mundo com olhos humanos.
Hoje estás vivo em cada criatura
em Tua glória de ressuscitado.

Louvado sejas!
Espírito Santo, com a Tua luz,
guia este mundo para o amor do Pai
e acompanha o lamento da criação,
Tu também vives nos nossos corações
e nos inspiras a fazer o bem.

Louvado sejas!
Senhor Deus, Uno e Trino,
comunidade maravilhosa de amor infinito,
ensina-nos a contemplar-Te
na beleza do universo,
onde tudo nos fala de Ti.

Desperta o nosso louvor e a nossa gratidão
por cada ser que criaste.
Dá-nos a graça de nos sentirmos intimamente unidos
com tudo o que existe.

Deus de amor,
mostra-nos o nosso lugar neste mundo
como instrumentos do Teu amor
por todas as criaturas desta terra,
pois nenhum deles é esquecido por Ti.
Ilumina os donos do poder e do dinheiro
para que não caiam no pecado da indiferença,
para que amem o bem comum, promovam os fracos,
e cuidem deste mundo em que habitamos.

Os pobres e a terra imploram:
Senhor, toma-nos com o Teu poder e a Tua luz,
ajuda-nos a proteger toda vida,
a preparar um futuro melhor,
para que venha o Teu Reino
de justiça, paz, amor e beleza.
Louvado sejas!
Amém.

Laudato si', n. 246.

QUE TODO CONFLITO TRAGA UMA SEMENTE DE PERDÃO

*Como responsáveis pelas diversas religiões
podemos fazer muito.
A paz é responsabilidade de todos.
Rezem pela paz, trabalhem pela paz!
Um líder religioso é sempre um homem ou uma mulher de paz,
pois o mandamento da paz
está inscrito nas profundezas
das tradições religiosas que representamos.*

Discurso, 30 de setembro de 2013.

CRIE UM HORIZONTE DE VIDA MAIS HUMANA

Nenhum pecado pode anular a proximidade misericordiosa de Deus, nem impedi-Lo de praticar a Sua Graça de conversão, sob a condição de que a invoquemos. Aliás, é o próprio pecado que faz resplandecer com maior força o amor de Deus Pai que, para resgatar o escravo, sacrificou Seu Filho. Essa misericórdia de Deus alcança-nos mediante o dom do Espírito Santo, que no batismo possibilita, gera e alimenta a vida nova de seus discípulos. Pois, por mais sérios e graves que possam ser os pecados do mundo, o Espírito, que renova a face da terra, torna possível o milagre de uma vida mais humana, plena de alegria e esperança.

Homilia, 12 de dezembro de 2015.

Viva sempre em paz e esperança

Diz o profeta: "Às nações ele dará a sentença, decisão para povos numerosos: devem fundir suas espadas, para fazer bicos de arado, fundir as lanças, para delas fazer foices. Nenhuma nação pegará em armas contra a outra e nunca mais se treinarão para a guerra" (Is 2, 4). Permito-me repetir o que diz o profeta, ouçam bem: "Às nações ele dará a sentença, decisão para povos numerosos: devem fundir suas espadas, para fazer bicos de arado, fundir as lanças, para delas fazer foices. Nenhuma nação pegará em armas contra a outra e nunca mais se treinarão para a guerra".

Mas quando acontecerá isso? Será um lindo dia, no qual as armas serão desmontadas para serem transformadas em instrumentos de trabalho! Que lindo dia será esse! E isso é possível! Apostemos na esperança, na esperança da paz, e será possível!

Esta jornada nunca chega ao fim. Da mesma maneira como na vida de cada um de nós há sempre necessidade de recomeçar, reerguer-se, redescobrir o significado do objetivo da nossa própria existência, também na grande família humana é sempre necessário renovar o horizonte comum em direção ao qual estamos encaminhados. *O horizonte da esperança!* Este é o horizonte para percorrer um bom caminho. O tempo do Advento nos restitui o horizonte da esperança que não nos desilude porque está fundada sobre a Palavra de Deus. Uma esperança que não desilude, simplesmente porque o Senhor nunca desilude! Ele é fiel! Ele não desilude! Pensemos e sintamos essa beleza.

Angelus, 1º de dezembro de 2013.

A CASA DA HARMONIA E DA PAZ: O MUNDO QUE QUEREMOS

Este nosso mundo, no coração e na mente de Deus, é a "casa da harmonia e da paz" e onde todos podem encontrar o próprio lugar e se sentir "em casa", porque "isso é bom". Toda a criação forma um conjunto harmonioso e bom. Porém, sobretudo os seres humanos, feitos à imagem e semelhança de Deus, constituem uma única família na qual as relações são marcadas por uma fraternidade real, e não apenas proclamada em palavras: o outro e a outra são o irmão e a irmã a serem amados, e a relação com Deus, que é amor, fidelidade, bondade, reflete-se sobre todas as relações entre os seres humanos e traz harmonia a toda a criação. O mundo de Deus é um mundo no qual cada um se sente responsável pelo outro, pelo bem do outro.

Não é, talvez, esse o mundo que eu desejo? Não é, talvez, esse o mundo que todos trazemos no coração? O mundo que queremos não é, talvez, um mundo de harmonia e paz em nosso interior, nas relações com os outros, nas famílias, nas cidades, *nas* e *entre* as nações? E a verdadeira liberdade na escolha dos caminhos a serem percorridos neste mundo não é, talvez, somente aquela orientada para o bem de todos e guiada pelo amor?

Discurso, 7 de setembro de 2013.

A INDIFERENÇA É INIMIGA DA PAZ!

A paz, que Deus Pai deseja semear no mundo, deve ser cultivada por nós. Não somente isso, mas também deve ser "conquistada". Isso implica uma verdadeira luta, um combate espiritual que ocorre em nosso coração. Porque inimiga da paz não é apenas a guerra, mas também a indiferença. Esta nos leva a pensar unicamente em nós mesmos e a criar barreiras, suspeitas, temores e fechamentos, todos os quais são inimigos da paz. Graças a Deus dispomos de muitas informações; mas às vezes ficamos tão sobrecarregados de notícias que nos distraímos da realidade, do irmão e da irmã que têm necessidade de nós. Comecemos, este ano, a abrir nosso coração, despertando nossa atenção pelo outro, para aquele que está mais próximo de nós. Esse é o caminho para a conquista da paz.

Angelus, 1º de janeiro de 2016.

A PAZ PRECISA DO SEU ENTUSIASMO

Este é o verdadeiro Natal: a festa da pobreza de Deus que se humilhou a si mesmo assumindo a natureza de escravo; de Deus que se põe a servir à mesa; de Deus que se esconde dos inteligentes e sábios e que se revela aos pequeninos, aos simples e aos pobres; do "Filho do Homem [que] não veio para ser servido, mas para servir e dar a vida em resgate por muitos" (*Mc* 10, 45).

No entanto, é sobretudo a festa da paz trazida a Terra pelo Menino Jesus: "Paz no céu e na terra, paz entre todos os povos, paz nos nossos corações" (Hino Litúrgico); a paz cantada pelos Anjos: "Glória a Deus no mais alto dos céus, e na terra, paz aos que são do Seu agrado!" (*Lc* 2, 14).

A paz que necessita do nosso entusiasmo, do nosso cuidado, para aquecer os corações gélidos, para encorajar as almas desiludidas e iluminar olhos sem vida com a luz da face de Jesus!

Discurso, 22 de dezembro de 2014.

HÁ UM CAMPO DE BATALHA DENTRO DE CADA UM DE NÓS

Há algo sobre o qual não se gosta de falar, mas é preciso falar: no mundo há a luta entre o bem e o mal — dizem os filósofos —, a luta entre o diabo e Deus. Isso existe sempre. Quando a cada um de nós vem a vontade de fazer uma maldade, aquela pequena maldade é uma inspiração do diabo que, por meio da fraqueza que o pecado original deixou em nós, leva-nos a isso. Pratica-se o mal tanto nas pequenas coisas quanto nas grandes coisas; tanto nas guerras quanto, por exemplo, quando um jovem ou uma moça mentem. Todo mal praticado significa uma guerra contra a verdade de Deus, contra a verdade da vida, contra a alegria. Essa luta entre o diabo e Deus, diz a Bíblia, continuará até o fim. Isso está claro, não? Vocês compreenderam? Está claro. Todos temos dentro de nós um campo de batalha. Lutamos entre o bem e o mal, todos nós.

Discurso, 31 de dezembro de 2015.

O CORAÇÃO ENDURECIDO DA HUMANIDADE

Os próprios contos da Natividade nos mostram o coração endurecido da humanidade, que sente dificuldade em acolher o Menino. Desde o princípio também Ele é descartado, deixado fora no frio, forçado a nascer num estábulo porque não havia lugar na hospedaria (cf. *Lc* 2, 7). E se desse modo foi tratado o Filho de Deus, ainda pior o são muitos de nossos irmãos e irmãs! Rejeição é uma atitude que todos compartilhamos, e ela nos faz ver nosso próximo não como um irmão a ser aceito, mas como alguém a ser deixado fora do nosso horizonte de vida pessoal, alguém a ser transformado num rival, dobrado à nossa vontade. Trata-se de uma mentalidade que gera aquela cultura do descarte que não poupa nada nem ninguém: desde a natureza aos seres humanos e até ao próprio Deus. De tal cultura nasce uma humanidade ferida e continuamente dilacerada por tensões e conflitos de toda a espécie.

Discurso, 12 de janeiro de 2015.

Reze, ame, doe e perdoe!

A recordação do primeiro mártir, Santo Estevão, segue-se imediatamente à solenidade do Natal. Ontem contemplamos o amor misericordioso de Deus, que se fez carne por nós; hoje vemos a resposta coerente do discípulo de Jesus, que dá a vida. Ontem nasceu na terra o Salvador; hoje nasce no céu sua testemunha fiel. Tanto ontem quanto hoje se manifestam as trevas da rejeição da vida, mas resplandece, ainda mais forte, a luz do amor, que vence o ódio e inaugura um mundo novo.

Na narração dos Atos dos Apóstolos há um aspecto particular que aproxima Santo Estevão do Senhor. Trata-se de seu *perdão antes de morrer* lapidado. Pregado na cruz, Jesus disse: "Pai, perdoa-lhes! Eles não sabem o que fazem!" (*Lc* 23, 34). De maneira semelhante Estevão, "dobrando os joelhos, gritou com voz forte: 'Senhor, não os condenes por este pecado'" (*At* 7, 60). Estevão é, portanto, *mártir, que significa testemunha, porque faz como Jesus;* com efeito é uma verdadeira testemunha que se comporta como Ele: quem reza, quem ama, quem doa, mas, acima de tudo, quem *perdoa,* porque o perdão, como evoca a própria palavra, é a expressão mais alta do dom.

Angelus, 26 de dezembro de 2015.

Se você não sabe perdoar, como poderá rezar pela paz?

Pedro pergunta ao Senhor: "Senhor, quantas vezes **devo perdoar**, se meu irmão pecar contra mim? Até sete vezes?". **Jesus respondeu:** "Digo-te, não até sete vezes, mas até setenta vezes sete vezes" (*Mt* 18, 21-22). Estas palavras tocam o coração da mensagem de reconciliação e de paz indicada por Jesus. Obedientes ao seu mandamento, pedimos diariamente ao nosso Pai do Céu que perdoe os nossos pecados, "assim como nós perdoamos a quem nos tem ofendido". Se não estivéssemos prontos a fazer o mesmo, como poderíamos, honestamente, rezar pela paz e pela reconciliação?

Jesus nos pede para acreditar que o perdão é a porta que conduz à reconciliação. Quando nos manda perdoar nossos irmãos, sem nenhuma reserva, Ele nos pede para fazer algo totalmente radical, mas nos dá também a graça para fazê-lo. Aquilo que, de uma perspectiva humana, parece ser impossível, impraticável e, às vezes, até repugnante, Jesus torna-o possível e fecundo com a força infinita da Sua Cruz. A Cruz de Cristo revela o poder que Deus tem de superar toda divisão, de curar toda ferida e restaurar os vínculos originais de amor fraterno.

Homilia, 18 de agosto de 2014.

Somente o diálogo protege os mais fracos

Para que haja paz é preciso um diálogo persistente, paciente, forte, inteligente, para o qual nada está perdido. O diálogo pode vencer a guerra. O diálogo faz viverem juntas pessoas de diferentes gerações, que frequentemente se ignoram; faz viverem juntos cidadãos de diversas proveniências étnicas, de diversas crenças. O diálogo é a via da paz. Porque o diálogo favorece o entendimento, a harmonia, a concórdia, a paz. Por isso é vital que cresça, que se expanda no meio de pessoas de todas as condições e crenças como uma rede de paz que protege o mundo e, sobretudo, protege os mais fracos.

Discurso, 30 de setembro de 2013.

Quer progredir na fé? Conceda e peça perdão

Também nós *nascemos do perdão de Deus*. Não apenas no batismo, mas cada vez que somos perdoados nosso coração renasce, ele é *renovado*. Em cada passo em frente na vida de fé o sinal da misericórdia divina é impresso outra vez. Porque somente quando somos amados podemos amar também. Recordemos isso, porque nos fará bem: se quisermos progredir na fé, antes de tudo é necessário recebermos o perdão de Deus; devemos encontrar o Pai, que está pronto a perdoar tudo e sempre, e que precisamente, ao perdoar, cura o coração e reaviva o amor. Não devemos nunca nos cansar de pedir o perdão divino, porque somente quando somos perdoados, quando nos sentimos perdoados, aprendemos a perdoar.

Angelus, 26 de dezembro de 2015.

Quando você faz a guerra contra alguém, faz renascer Caim

Deus pergunta à consciência do homem: "Onde está Abel, teu irmão?". E Caim responde: "Não sei. Sou eu por acaso o guardião de meu irmão?". Essa pergunta também nos é dirigida, e seria bom que nós nos perguntássemos: "Sou eu o guardião de meu irmão?". Sim, você é o guardião de seu irmão! Ser uma pessoa *humana* significa sermos guardiões uns dos outros!

E, ao contrário, quando se rompe a harmonia, segue-se uma metamorfose: o irmão a ser guardado e amado torna-se o adversário a ser combatido, a ser suprimido. Quanta violência surge nesse momento, quantos conflitos, quantas guerras marcaram nossa história! Basta ver o sofrimento de tantos irmãos e irmãs. Não se trata de algo conjuntural, mas esta é a verdade: em cada violência e em cada guerra, fazemos renascer Caim. Todos nós! E hoje também continuamos essa história de conflito entre irmãos, hoje também levantamos a mão contra quem é nosso irmão. Também hoje nos deixamos guiar por ídolos, pelo egoísmo, por nossos interesses; e essa atitude continua: nós aperfeiçoamos nossas armas, nossa consciência está adormecida, tornamos mais sutis nossas razões para nos justificarmos. Como se fosse uma coisa normal, continuamos a semear a destruição, a dor, a morte! A violência e a guerra trazem somente a morte, falam de morte! A violência e a guerra têm a linguagem da morte!

Discurso, 7 de setembro de 2013.

Torne o seu mundo limpo

No entanto, perdoar não é algo fácil. Aliás, é sempre muito difícil. Como podemos imitar Jesus? Por onde começar para perdoar as pequenas ou as grandes injustiças que sofremos todos os dias? Antes de tudo *pela oração, como fez Estêvão*. Começa-se pelo próprio coração: mediante a oração conseguimos enfrentar o ressentimento que sentimos, *confiando à misericórdia de Deus aquele que nos fez algum mal*: "Senhor, peço-Te por ele, peço-Te por ela". Depois descobrimos que essa luta interior para perdoar nos purifica do mal e que a oração e o amor nos libertam das correntes interiores do rancor. É muito feio viver no rancor! Todos os dias temos oportunidade para treinar o perdão, para viver esse gesto tão elevado que aproxima o homem de Deus. Como o nosso Pai Celeste, tornemo-nos nós também misericordiosos, porque por meio do perdão *nós vencemos o mal com o bem*, transformamos o ódio em amor e tornamos, assim, mais limpo o mundo.

Angelus, 26 de dezembro de 2015.

Interrompa o ódio, cuide do seu irmão

Para fazer a paz é preciso muito mais coragem do que para fazer a guerra. É preciso coragem para dizer "sim" ao encontro e "não" ao confronto; "sim" ao diálogo e "não" à violência; "sim" à negociação e "não" às hostilidades; "sim" ao respeito pelos pactos e "não" às provocações; "sim" à sinceridade e "não" à duplicidade. Para tudo isso é preciso coragem e grande força de ânimo.

A história nos ensina que as nossas forças não bastam. Mais de uma vez estivemos perto da paz, mas o maligno, com diversos meios, conseguiu impedi-la. Por isso estamos aqui, porque sabemos e acreditamos que temos necessidade da ajuda de Deus. Não renunciamos às nossas responsabilidades, mas invocamos Deus num ato de suprema responsabilidade diante das nossas consciências e diante dos nossos povos. Escutamos um chamado e devemos responder; o chamado para romper a espiral de ódio e violência, a rompê-la com uma única palavra: irmão. Mas para dizer esta palavra devemos todos levantar os olhos para o Céu e reconhecermo-nos como filhos de um único Pai.

Discurso, 8 de junho de 2014.

Não acrescente outra dor

Que cada um se anime a olhar no fundo de sua consciência e escute aquela fala que diz: deixe de lado seus interesses, que atrofiam o coração; supere a indiferença pelo outro, que torna insensível o coração; vença as suas razões de morte e abra-se ao diálogo, à reconciliação. Olhe a dor de seu irmão — penso nas crianças, somente nelas... —, olhe a dor de seu irmão e não acrescente outra dor, abaixe sua mão, reconstrua a harmonia que se rompeu; e isso não por meio do confronto, mas pelo encontro! Que se calem as armas! A guerra sempre marca o fracasso da paz, ela é sempre uma derrota para a humanidade.

Discurso, 7 de setembro de 2013.

Evite a "guerra fria do dia seguinte"

Cuidem da paz na família: todos sabemos que há brigas em família. Quando não se discute num matrimônio, isso parece anormal. O importante é não terminar o dia sem fazer as pazes. Irmãos que não brigam? Ora, brigar, isso sempre acontece! Mas façam as pazes. E vocês, pais, quando seus filhos tiverem brigado, digam-lhes antes de irem dormir: "Façam as pazes, apertem a mão um do outro, beijem-se". É importante aprender a sabedoria de fazer as pazes. Vocês brigaram durante o dia? E essa briga ainda está quente? Não deixem que esfrie, porque a "guerra fria" do dia seguinte é mais perigosa do que a "guerra quente". Entenderam? Façam as pazes à noite, sempre!

Discurso, 21 de dezembro de 2015.

AS ORAÇÕES DO PAPA FRANCISCO PELA PAZ E PELA UNIDADE

QUE NÃO FALTEM PROFETAS NA IGREJA

Senhor, que não faltem os profetas no Teu povo.
Nós todos batizados somos profetas.
Senhor, que não nos esqueçamos da Tua promessa;
que tenhamos forças para seguir em frente;
que não nos encerremos nas legalidades
que fecham as portas.
Senhor, liberta Teu povo
do espírito do clericalismo
e ajuda-o com o espírito de profecia.

Homilia em Santa Marta, 16 de dezembro de 2013.

Oração no Memorial do "Marco Zero" pelas vítimas do terrorismo

Deus de amor, compaixão
e reconciliação,
volta Teu olhar para nós,
povo de muitas fés e tradições diversas,
que nos reunimos hoje neste lugar,
cenário de violência e dor indescritíveis.
Nós Te pedimos na Tua bondade
para conceder luz e paz eterna
a todos aqueles que morreram neste lugar
os primeiros heroicos socorristas:
nossos bombeiros, os agentes de polícia,
os trabalhadores dos serviços de emergência
e o pessoal da Capitania dos Portos,
bem como todos os homens e mulheres inocentes,
vítimas dessa tragédia
simplesmente porque seu trabalho e seu serviço
trouxeram-nos aqui em 11 de setembro de 2001.

Nós Te pedimos, em Tua misericórdia,
para levar a cura àqueles que,
por causa de sua presença aqui, naquele dia,
sofrem por lesões e doenças.

Cura também o sofrimento
das famílias ainda em luto
e todos aqueles que perderam pessoas queridas
nesta tragédia.
Concede-lhes a força para continuarem a viver
com coragem e esperança.

Recordemos também aqueles
que encontraram a morte,
os feridos e todos aqueles que perderam seus entes queridos
naquele mesmo dia
no Pentágono e em Shanksville, na Pensilvânia.
Nosso coração está unido ao deles,
enquanto a nossa oração abraça
sua dor e seu sofrimento.

Deus da paz, traz a Tua paz
a nosso mundo violento:
paz no coração de todos os homens e mulheres
e paz entre as nações da Terra.
Conduz para o Teu caminho de amor
aqueles que têm o coração e a mente
consumidos pelo ódio.
Deus da compreensão,
assolados pela enorme dimensão desta tragédia,
procuramos a Tua luz e os Teus conselhos
enquanto estamos diante de eventos tão terríveis.

Concede àqueles cujas vidas foram poupadas
poderem viver de modo que as vidas perdidas
não tenham sido perdidas em vão.
Reconforta-nos e consola-nos,
fortifica-nos na esperança
e concede-nos a sabedoria e a coragem
para trabalharmos incansavelmente por um mundo
no qual reinem paz e amor autênticos
entre as nações e nos corações de todos.

25 de setembro de 2015.

À Virgem da caridade de Cuba pelas divergências sociais no mundo

Virgem da Caridade do Cobre,
Padroeira de Cuba!
Ave, Maria,
cheia de graça!
Tu és a amada Filha do Pai,
a Mãe de Cristo, nosso Deus, o Templo vivo
do Espírito Santo.

Carregas no teu nome,
Virgem da Caridade,
a memória do Deus que é amor,
a recordação do mandamento novo de Jesus,
a evocação do Espírito Santo:
amor derramado nos nossos corações,
fogo de caridade
enviado no Pentecostes sobre a Igreja,
dom da plena liberdade
dos filhos de Deus.

Bendita és tu entre as mulheres
e bendito é o fruto
do teu seio, Jesus!
Vieste visitar o nosso povo
e quiseste permanecer conosco
como Mãe e Senhora de Cuba,
durante o seu peregrinar
pelos caminhos da história.

O teu nome e a tua imagem
estão esculpidos
na mente e no coração
de todos os cubanos,
dentro e fora da pátria,
como sinal de esperança
e centro de comunhão fraterna.
Santa Maria, Mãe de Deus
e nossa Mãe!

Roga por nós
diante de teu Filho Jesus Cristo,
intercede por nós
com o teu coração maternal,
inundado pela caridade do Espírito Santo.

Intensifica a nossa fé,
reaviva a esperança,
aumenta e reforça
em nós o amor.

Salvaguarda as nossas famílias,
protege os jovens e as crianças,
consola quantos sofrem.

Sê Mãe dos fiéis
e dos pastores da Igreja,
modelo e estrela
da nova evangelização.
Mãe da reconciliação!

Congrega o teu povo
disperso pelo mundo.
Faz da nação cubana
uma casa de irmãos e irmãs
a fim de que este povo
abra sua mente, seu coração
e a sua vida a Cristo,
único Salvador e Redentor,
que vive e reina
com o Pai e o Espírito Santo,
por todos os séculos!
Amém.

21 de setembro de 2015.

Invocação pela paz

Senhor Deus de Paz, escuta a nossa súplica!
Tentamos várias vezes
e durante tantos anos resolver os nossos conflitos
com as nossas forças e também com as nossas armas;
tantos momentos de hostilidade e escuridão;
tanto sangue derramado; tantas vidas despedaçadas;
tantas esperanças sepultadas...
Mas os nossos esforços foram em vão.
Agora, Senhor, ajuda-nos!
Dá-nos a paz, ensina-nos a paz,
guia-nos para a paz.
Abre nossos olhos e nossos corações
e dá-nos a coragem de dizer: "Nunca mais a guerra!";
"Com a guerra tudo é destruído!".

Infunde em nós a coragem de realizar
gestos concretos para construir a paz.
Senhor, Deus de Abraão e dos profetas,
Deus Amor que nos criaste
e que nos chamaste a viver como irmãos
dá-nos a força
para sermos todo dia artesãos da paz;
dá-nos a capacidade de olhar com benevolência
todos os irmãos que encontramos em nosso caminho.

Torna-nos disponíveis
para ouvir o grito dos nossos cidadãos
que nos pedem para transformar
as nossas armas em instrumentos de paz,
os nossos medos em confiança
e as nossas tensões em perdão.
Mantém acesa em nós a chama da esperança
para realizar com paciente perseverança
escolhas de diálogo e de reconciliação,
para que a paz vença finalmente.
E que do coração de todo homem
sejam banidas estas palavras:
divisão, ódio, guerra!

Senhor, desarma a língua e as mãos,
renova os corações e as mentes,
para que a palavra que nos fazes encontrar
seja sempre "irmão",
e o estilo da nossa vida
torne-se: shalom, paz, salam!
Amém.

8 de junho de 2014.

Todo caminhante tem a sua estrela

Virgem Maria, que acolheste os Magos em Belém,
ajuda-nos a levantar os olhos de nós mesmos,
a deixar-nos guiar pela estrela do Evangelho
para encontrar Jesus
e a saber abaixar o nosso olhar para adorá-Lo.
Assim poderemos levar aos outros
um raio da Sua luz,
e compartilhar com eles a alegria do caminho.

Angelus, 6 de janeiro de 2016.

Caminhe: atento, incansável e corajoso!

A narração evangélica dos Magos descreve a sua viagem do Oriente como uma viagem da alma, como *um caminho para o encontro com Cristo*. Eles estão *atentos aos sinais* que indicam a presença Dele; são *incansáveis* ao confrontar as dificuldades da busca; são corajosos ao suportar as consequências da vida derivadas do encontro com o Senhor. A vida é esta: a vida cristã é caminhar, mas estando atentos, incansáveis e corajosos. Assim caminha um cristão. Caminhar atento, incansável e corajoso.

Angelus, 6 de janeiro de 2015.

Acredite e procure: indague sem perder a fé!

Falando sobre a luz da fé, podemos ouvir a objeção levantada por muitos de nossos contemporâneos. Na época moderna pensou-se que tal luz fosse suficiente para as sociedades antigas, mas que ela não serviria para os novos tempos, para o homem tornado adulto, orgulhoso de sua razão, desejoso de explorar o futuro de modo novo. Nessa perspectiva, a fé aparecia como uma luz ilusória, que impedia o homem de cultivar a audácia do saber. O jovem Nietzsche convidava a irmã Elisabeth a arriscar-se, percorrendo "novos caminhos…, na incerteza do avanço autônomo". E acrescentava: "Neste ponto, separam-se os caminhos da humanidade: se você quer alcançar a paz da alma e a felicidade, contente-se com a fé, mas se quer ser um discípulo da verdade, então investigue". Crer se oporia ao procurar. A partir desse ponto, Nietzsche desenvolve a sua crítica ao cristianismo por ter diminuído o alcance da existência humana, espoliando a vida de novidade e aventura. A fé seria, então, uma espécie de ilusão que impede o nosso caminho de homens livres rumo ao amanhã.

Nesse processo, a fé acabou por ser associada à escuridão… Então a fé foi entendida como um salto no vazio que damos por falta de luz, impelidos por um sentimento cego; ou como uma luz subjetiva, capaz talvez de aquecer o coração e de trazer um consolo pessoal, mas que não pode ser proposta aos outros como luz objetiva e comum para iluminar o caminho.

Entretanto, pouco a pouco, viu-se que a luz da razão autônoma não consegue iluminar suficientemente o futuro; este, no fim das contas, permanece na sua escuridão e deixa o homem no medo do desconhecido. Desse modo, o homem renunciou à busca de uma luz grande, de uma verdade grande, para contentar-se com pequenas luzes que iluminam por breves instantes, mas são incapazes de mostrar o caminho. Quando falta a luz, tudo se torna confuso, é impossível distinguir o bem do mal, a estrada que leva ao destino daquela que nos faz caminhar em círculos repetitivos, sem direção.

Lumen fidei, n. 2.

Não se contente com "levar a vida!", viva com paixão!

Segundo o Evangelho, os Magos, "ao verem a estrela, sentiram uma alegria enorme". Também para nós há um grande consolo em ver a estrela, ou seja, ao nos sentirmos guiados, e não abandonados ao nosso destino. E *a estrela é o Evangelho,* a Palavra do Senhor, como diz o Salmo: "Lâmpada para os meus passos é a Tua Palavra, luz no meu caminho". Essa luz nos guia para Cristo. Sem a escuta do Evangelho não é possível encontrá-Lo! De fato, os Magos, seguindo a estrela, chegaram ao lugar onde se encontrava Jesus. E ali "viram o Menino com Maria, sua mãe, prostraram-se e adoraram-No". A experiência dos Magos nos exorta a não nos contentarmos com a mediocridade, a não "levar a vida", mas a procurar o sentido das coisas, a perscrutar com paixão o grande mistério da vida. E ensina a não nos chocarmos com a pequenez e a pobreza, mas a reconhecermos a majestade na humildade e a saber nos ajoelharmos diante dela.

Angelus, 6 de janeiro de 2016.

Que a Palavra de Deus seja a sua "estrela"

A experiência dos Magos evoca o caminho de todo homem rumo a Cristo. Como para os Magos, também para nós buscar Deus significa *caminhar* — e como eu dizia: caminhar atento, incansável e corajoso

— fixando o céu e vislumbrando no sinal visível da estrela o Deus invisível que fala ao nosso coração. A estrela capaz de guiar todos os homens para Jesus é a *Palavra de Deus,* Palavra que está na Bíblia, nos Evangelhos. A Palavra de Deus é luz que orienta o nosso caminho, nutre nossa fé e a regenera. É a Palavra de Deus que renova continuamente nossos corações e nossas comunidades. Por conseguinte, não nos esqueçamos de lê-la e meditar sobre ela, todos os dias, a fim de se tornar para todos a chama que trazemos dentro de nós para iluminar nossos passos, e também daqueles que caminham ao nosso lado e talvez tenham dificuldade de encontrar o caminho que leva a Cristo. Sempre com a Palavra de Deus!

Angelus, 6 de janeiro de 2015.

Onde está, para mim, a estrela?

Os Magos *entraram no mistério*. Passaram dos cálculos humanos ao mistério: essa foi a sua conversão. E a nossa? Peçamos ao Senhor que nos conceda fazer o mesmo caminho de conversão vivido pelos Magos. Que nos defenda e livre das tentações que escondem a estrela. Que sintamos sempre a inquietação de nos perguntarmos onde está a estrela quando — em meio aos enganos mundanos — nós a tivermos perdido de vista. Que aprendamos a conhecer, de modo sempre novo, o mistério de Deus, que não fiquemos escandalizados pelo "sinal", aquele sinal referido pelos Anjos, que aponta para "[...] um recém-nascido, envolto em faixas e deitado numa manjedoura" (*Lc* 2, 12) e que tenhamos a humildade de pedir à Mãe, à nossa Mãe, que ela O mostre para nós. Que encontremos a coragem de nos libertar das nossas ilusões, das nossas presunções, das nossas "luzes" e que busquemos essa coragem na humildade da fé e possamos encontrar a Luz, *Lumen*, como fizeram os santos Magos. Que possamos entrar no mistério. Assim seja.

Homilia, 6 de janeiro de 2015.

Você ainda sabe maravilhar-se diante do outro?

O Evangelho diz assim: "Ela entrou na casa de Zacarias e saudou Isabel" (*Lc* 1, 40). E, após aquela saudação, Isabel sente-se envolvida por um grande *maravilhamento* — não se esqueçam desta palavra: maravilhamento. Isabel sente-se envolvida por um grande *maravilhamento* que ressoa nas suas palavras: "Como mereço que a mãe do meu Senhor venha me visitar?" (v. 43). E, jubilosas, abraçam-se e beijam-se as duas mulheres: a idosa e a jovem, ambas grávidas.

Para celebrar de modo profícuo o Natal, somos chamados a meditar sobre os "lugares" do estupor. Quais são esses lugares do maravilhamento na vida diária? O primeiro lugar é o *outro*, no qual devemos reconhecer um irmão, porque desde que ocorreu o Natal de Jesus cada rosto tem gravado em si o semblante do Filho de Deus. Sobretudo quando se trata da face do pobre, pois foi como pobre que Deus entrou no mundo e foi, antes de tudo, pelos pobres que se deixou aproximar.

Angelus, 6 de dezembro de 2015.

Vá além do fascínio pelas sereias

Na festa da Epifania, em que recordamos a manifestação de Jesus à humanidade no semblante de um menino, sentimos os Magos ao nosso lado, como sábios companheiros de estrada. O exemplo deles ajuda-nos a erguermos os olhos para a estrela e a seguirmos os grandes anseios do nosso coração. Ensinam-nos a não ficarmos contentes com uma vida medíocre, sem arriscar nada, mas a nos deixarmos sempre ser atraídos pelo que é bom, verdadeiro, belo... Por Deus, que é tudo isso e sempre muito mais! E eles nos ensinam a não nos deixarmos enganar pelas aparências, pelo que o mundo considera grande, sábio e poderoso. Não devemos nos deter nisso. É necessário guardar a fé. Em nossa época isso é de importância vital: guardar a fé. É preciso ir além, além da escuridão, além do fascínio pelas Sereias, além da mundanidade, além de tantos modernismos que existem atualmente. Devemos caminhar para Belém, ali onde, na simplicidade de uma casa de periferia, ao lado de uma mãe e um pai repletos de amor e fé, resplandece o Sol, nascido do alto, o Rei do universo. Seguindo o exemplo dos Magos, com nossas pequenas luzes, procuremos a Luz e guardemos a fé. Assim seja!

Homilia, 6 de janeiro de 2014.

Nada é garantido na sua história

Um outro lugar do maravilhamento — o segundo —, em que, se olharmos com fé, sentimos, precisamente, o maravilhamento, é a *história*. Muitas vezes julgamos vê-la de modo correto e, ao contrário, corremos o risco de lê-la ao contrário. Por exemplo, isso acontece quando ela nos parece determinada pela economia de mercado, regulada pelas finanças e pelos negócios, dominada pelos poderosos do momento. No entanto, o Deus do Natal é um Deus que "mistura as cartas". Agrada-Lhe agir assim! Como canta Maria no *Magnificat*, é o Senhor que derruba os poderosos dos tronos e eleva os humildes, enche de bens os famintos e despede de mãos vazias os ricos (cf. Lc 1, 52-53). Este é o segundo maravilhamento, o maravilhamento da história.

Angelus, 20 de dezembro de 2015.

Contemple a Igreja: ela chama o Senhor!

Um terceiro lugar do maravilhamento é *a Igreja*: contemplá-la com o maravilhamento da fé significa não se limitar a considerá-la somente como instituição religiosa, o que ela é, mas senti-la como uma Mãe que, apesar de suas manchas e rugas — temos tantas delas! —, permite transparecer os traços da Esposa amada e purificada por Cristo Senhor. Uma

Igreja que sabe reconhecer os numerosos sinais de amor fiel que Deus transmite continuamente para ela. Uma Igreja pela qual o Senhor Jesus nunca será uma posse a ser protegida com ciúme: aqueles que fazem isso estão errados. O Senhor Jesus é sempre Aquele que vem ao seu encontro, e que ela sabe esperar com confiança e alegria, dando voz à esperança do mundo. A Igreja que chama o Senhor: "Venha, Senhor Jesus!". A Igreja Mãe que sempre mantém suas portas escancaradas e seus braços abertos para receber todos. Na verdade, a Igreja Mãe que sai das próprias portas para ir buscar, com um sorriso de mãe, todos os que estão distantes e levar-lhes a misericórdia de Deus. Esse é o maravilhamento do Natal!

Angelus, 20 de dezembro de 2015.

Sempre felizes!

O apóstolo São Paulo já dizia aos tessalonicenses: "Irmãos, sejam sempre felizes!". E como posso ser feliz? Ele mesmo é quem diz: "Rezem, ininterruptamente, e deem graças por tudo". Podemos encontrar a alegria cristã na oração, uma vez que o júbilo vem da prece e também na ação de dar graças a Deus: "Obrigado, Senhor, por tantas coisas belas!". Porém, há pessoas que não sabem agradecer a Deus: procuram sempre algo para se lamentar. Conheci uma irmã — muito longe daqui —, uma irmã que era muito boa, trabalhava… Mas a sua vida era ficar se lamentando, se lamentando de muitas coisas que lhe aconteciam… No convento ela era chamada "Irmã Queixume", e dá para entender por quê. Mas um cristão não pode viver assim, sempre procurando situações das quais se queixar: "Aquela pessoa possui algo que não tenho, aquilo… Viu o que aconteceu?"… Isso não é cristão! E faz mal encontrar cristãos com o rosto amargurado, com uma cara fechada devido à amargura, alguém que não vive em paz. Nunca, nunca mesmo, um santo ou uma santa ficaram com cara fúnebre! Os santos sempre têm o rosto da alegria. Ou pelo menos, nos sofrimentos, eles têm o rosto da paz. O sofrimento máximo foi o martírio de Jesus: Ele tinha aquele rosto de paz e preocupava-se pelos outros: por sua mãe, por João, pelo ladrão... Preocupava-se com os outros.

Homilia, 14 de dezembro de 2014.

Se você seguir a luz, encontrará a luz

Os Magos, segundo a tradição, eram homens sábios: estudiosos dos astros, perscrutadores do céu, num contexto cultural e de crenças que atribuía às estrelas significados e influências sobre as questões humanas. Os Magos representam os homens e as mulheres à procura de Deus nas religiões e nas filosofias do mundo inteiro: uma busca que jamais terá fim. Homens e mulheres à procura.

Os Magos indicam-nos o caminho por onde seguir em nossa vida. Eles procuravam a verdadeira Luz: *"Lumen requirunt lumine"*, diz um hino litúrgico da epifania, referindo-se precisamente à experiência dos Magos; *"Lumen requirunt lumine"*. Seguindo *uma* luz eles procuram *a* luz. Caminhavam à procura de Deus. Tendo visto o sinal da estrela, eles o interpretaram e puseram-se a caminho, fizeram uma longa viagem.

Homilia, 6 de janeiro de 2015.

O valor espiritual da astúcia

Um aspecto da luz que nos guia no caminho da fé também é a santa "astúcia". A santa "astúcia" também é uma virtude. Trata-se daquela sagacidade espiritual que nos permite reconhecer os perigos e evitá-los. Os Magos souberam usar essa luz de "astúcia" quando, no caminho de regresso, decidiram não passar pelo palácio tenebroso de Herodes, mas seguir por outra estrada. Esses sábios vindos do Oriente ensinam-nos o modo de não cair nas ciladas das trevas e a defender-nos da escuridão que teima em envolver a nossa vida. Com essa "astúcia" santa eles protegeram a fé. E nós também devemos proteger a fé. Protegê-la daquela escuridão. Contudo, também, muitas vezes, ocorre uma escuridão travestida de luz! Porque, às vezes, o demônio, diz São Paulo, veste-se de anjo de luz. Daí ser necessária a santa "astúcia" para proteger a fé, protegê-la dos cantos das sereias que dizem a você: "Olha, hoje devemos fazer isto, aquilo...". É preciso acolher em nosso coração a luz de Deus e, ao mesmo tempo, cultivar aquela astúcia espiritual que sabe combinar simplicidade e argúcia, como Jesus pede aos discípulos: "Sede, portanto, prudentes como as serpentes e simples como as pombas" (*Mt* 10, 16).

Homilia, 6 de janeiro de 2014.

Deus é como a flor da amendoeira

A nova estrela que apareceu aos Magos era o sinal do nascimento de Cristo. Se não tivessem visto a estrela, aqueles homens não teriam partido. A luz nos precede, a verdade nos precede, a beleza nos precede. Deus nos precede. O profeta Isaías dizia que Deus é como a flor da amendoeira. Por quê? Porque naquela terra a amendoeira é a primeira árvore que floresce. E Deus sempre precede, sempre é o primeiro a nos procurar, Ele dá o primeiro passo. Deus nos precede sempre. A Sua Graça nos precede, e esta Graça apareceu em Jesus. *Ele é a epifania.* Ele, Jesus Cristo, é a manifestação do amor de Deus. Está conosco.

Angelus, 6 de janeiro de 2014.

AS ORAÇÕES DO PAPA FRANCISCO POR AQUELES QUE ESTÃO EM BUSCA

Ensina-nos o caminho

Ó Maria, Mãe de Jesus,
tu que acolheste, ensina-nos a acolher;
tu que adoraste, ensina-nos a adorar;
tu que seguiste, ensina-nos a seguir.
Amém.

Homilia em Belém, 25 de maio de 2014.

Oração à Imaculada

Virgem Santa e Imaculada,
a ti, que és a honra do nosso povo
e a guardiã solícita da nossa cidade,
nos dirigimos com amor e confiança.

És a Toda Formosa, ó, Maria!
Em ti não há pecado.
Suscita em todos nós um desejo renovado de santidade:
que na nossa palavra resplandeça o esplendor da verdade,
nas nossas obras ressoe o cântico da caridade,
no nosso corpo e no nosso coração
habitem pureza e castidade,
na nossa vida se torne presente
toda a beleza do Evangelho.

És a Toda Formosa, ó, Maria!
Em ti se fez carne a Palavra de Deus.
Ajuda-nos a permanecer numa escuta atenta
da voz do Senhor:
que o grito dos pobres nunca nos deixe indiferentes,
o sofrimento dos doentes e de quem passa necessidade
não nos encontre distraídos,
a solidão dos idosos
e a fragilidade das crianças nos comovam,
cada vida humana seja por todos nós
sempre amada e venerada.

És a Toda Formosa, ó, Maria!
Em ti está a alegria plena da vida beatífica com Deus.
Faz com que não percamos o significado
do nosso caminho terreno:
que a luz suave da fé ilumine os nossos dias,
a força consoladora da esperança
oriente os nossos passos,
o calor contagiante do amor
anime o nosso coração,
os olhos de todos nós permaneçam bem fixos
em Deus, onde está a verdadeira alegria.

És a Toda Formosa, ó, Maria!
Ouve a nossa oração,
atende a nossa súplica:
que esteja em nós a beleza
do amor misericordioso de Deus em Jesus,
sê esta beleza divina a salvar-nos,
a nossa cidade, o mundo inteiro.
Amém.

Solenidade da Imaculada, 2013.

À Mãe da fé

Ajuda, oh, Mãe, a nossa fé!

Abre o nosso ouvido à Palavra,
para reconhecermos a voz de Deus
e o Seu chamado.
Desperta em nós o desejo de seguir os Seus passos,
saindo da nossa terra
e acolhendo a Sua promessa.

Ajuda-nos a deixar-nos tocar pelo Seu amor,
para podermos tocá-Lo com a fé.

Ajuda-nos a confiarmo-nos plenamente a Ele,
a crer no Seu amor,
sobretudo nos momentos de tribulação e de cruz,
quando a nossa fé é chamada a amadurecer.

Semeia, na nossa fé, a alegria do Ressuscitado.
Recorda-nos de que quem crê nunca está sozinho.
Ensina-nos a ver com os olhos de Jesus,
para que Ele seja luz no nosso caminho.

E que esta luz da fé cresça sempre em nós,
até chegar aquele dia sem ocaso,
que é o próprio Cristo, o teu Filho, nosso Senhor!

Lumen fidei, n. 60.

Todo nômade deseja uma terra

> *A vida é um caminhar,*
> *caminhar sempre, buscando Deus,*
> *caminhar atento,*
> *incansável e corajoso.*
>
> Angelus, 6 de janeiro de 2015.

Deus está onde o homem sonha

Jesus quis pertencer a uma família que experimentou dificuldades para que ninguém se sinta excluído da proximidade amorosa de Deus. A fuga para o Egito, por causa das ameaças de Herodes, mostra-nos que Deus está presente onde o homem se encontra em perigo, onde o homem sofre, onde se refugia, onde experimenta rejeição e abandono; mas Deus também está onde o homem sonha, onde espera voltar à terra natal em liberdade, onde planeja e escolhe a vida para sua família e a dignidade para si próprio e seus familiares.

Angelus, 29 de dezembro de 2013.

Todos estamos no caminho rumo a uma pátria prometida

"Não tenhas medo, não te acovardes, pois o Senhor, teu Deus, estará contigo por onde quer que vás" (Js 1, 9). É a promessa que Deus faz a Josué que mostra como o Senhor acompanha cada pessoa, sobretudo quem vive numa situação de fragilidade como aquela de quem procura refúgio num país estrangeiro. Na verdade, toda a Bíblia nos narra a história de uma humanidade a caminho, pois é natural ao homem estar em movimento. A sua história é feita de muitas migrações, às vezes amadurecidas como consciência do direito a uma livre escolha, mas frequentemente ditadas por circunstâncias externas. Do exílio do paraíso terrestre até Abraão em marcha para a Terra Prometida; da história do Êxodo até a deportação para a Babilônia, a Sagrada Escritura narra fadigas e sofrimentos, desejos e esperanças similares àqueles das centenas de milhares de pessoas em marcha nos nossos dias, com a mesma determinação de Moisés de alcançar uma terra onde corra "leite e mel" (cf. Êx 3, 17), onde possam viver livres e em paz.

Discurso, 11 de janeiro de 2016.

Caros migrantes, caros refugiados

Os critérios de eficiência, produtividade, classe social, pertinência étnica ou religiosa não fundamentam a dignidade do ser humano, mas sim o fato de ele ser criado à imagem e semelhança de Deus e, ainda mais, o fato de ser filho de Deus; todo ser humano é filho de Deus! Nele está impressa a imagem de Cristo! Primeiro nós próprios precisamos ver e depois ajudar os outros a verem que migrantes e refugiados não representam somente um problema a ser resolvido, mas eles são irmãos e irmãs a serem acolhidos, respeitados e amados. Eles são uma oportunidade que a Providência nos oferece para contribuir para a construção de uma sociedade mais justa, de uma democracia mais completa, de um país mais inclusivo, de um mundo mais fraterno e de uma comunidade cristã mais aberta de acordo com o Evangelho. As migrações podem criar possibilidades para uma nova evangelização, abrir espaços para o crescimento de uma nova humanidade pré-anunciada no mistério pascal: uma humanidade em que toda terra estrangeira é uma pátria e toda pátria é uma terra estrangeira.

Caros migrantes e refugiados! Não percam a esperança de que também a vocês esteja reservado um futuro mais seguro, que em seus caminhos possam encontrar a mão estendida, que lhes seja dado experimentar a solidariedade fraterna e o calor da amizade!

Mensagem para a Jornada Mundial do Migrante e do Refugiado, 2014.

Quantas famílias atualmente estão no exílio

Todos os presépios nos mostram Jesus junto com Nossa Senhora e São José na gruta de Belém. Deus quis nascer numa família humana, quis ter mãe e pai, como nós.

O Evangelho nos apresenta a Sagrada Família no doloroso caminho do exílio, em busca de refúgio no Egito. José, Maria e Jesus experimentam a condição dramática dos refugiados, marcada por medo, incertezas e dificuldades. Infelizmente, em nossos dias, milhões de famílias podem se reconhecer nessa triste realidade. Quase todos os dias, a televisão e os jornais trazem notícias de refugiados que fogem da fome, da guerra e de outros graves perigos em busca de segurança e de uma vida digna para si e para as suas famílias.

Em terras distantes, mesmo quando encontram trabalho, nem sempre os refugiados e os imigrantes encontram acolhimento verdadeiro, respeito, apreço pelos valores dos quais são portadores. Suas expectativas legítimas entram em conflito com situações complexas e dificuldades que às vezes parecem insuperáveis. Por isso, enquanto fixamos o olhar sobre a Sagrada Família de Nazaré no momento em que foi obrigada a tornar-se refugiada, pensemos no drama daqueles migrantes e refugiados que são vítimas de rejeição e exploração, que são vítimas do tráfico de pessoas e do trabalho escravo. Mas pensemos também nos outros "exilados": eu os chamaria "exilados escondidos", aqueles exilados que podem existir dentro das próprias famílias: os idosos, por exemplo, que muitas vezes são tratados como presenças incômodas. Muitas vezes, penso que um sinal para saber como está uma família é ver como são tratadas as crianças e os idosos.

Angelus, 29 de dezembro de 2013.

Cante e caminhe!

O canto educa a alma, o canto faz bem à alma. Por exemplo, quando a mãe quer fazer dormir a criança, ela não lhe diz: "Um, dois, três, quatro...". Ela canta uma canção de ninar... Canta e isso faz bem à sua alma, a criança tranquiliza-se e adormece. Santo Agostinho diz uma frase muito bonita. Cada um de vocês deve aprendê-la na própria língua. Falando da vida cristã, da alegria da vida cristã, ele diz: "Cante e caminhe". A vida cristã é um caminho, mas não é um caminho triste, é um caminho jubiloso. E por isso cante. Cante e caminhe. Não esqueça!

Discurso, 31 de dezembro de 2015.

Famílias sem casa, uma situação realmente muito difícil

"Os pobres não podem esperar." É bonito! E isso me faz pensar que Jesus nasceu numa manjedoura, não nasceu numa casa. Depois teve que fugir, ir para o Egito para salvar sua vida. Por fim, voltou para casa, em Nazaré. Lendo esse escrito, penso também nas numerosas famílias sem uma casa, quer porque nunca a possuíram, quer porque a perderam por vários motivos. Família e casa devem estar juntas. É muito difícil cuidar de uma família sem morar numa casa. Nestes dias de Natal, convido todos — pessoas, instituições sociais, autoridades — a fazerem todo o possível para que cada família possa ter uma casa.

Angelus, 22 de dezembro de 2013.

O PRESÉPIO NO BARCO

O discurso do qual foi extraído o texto seguinte foi proferido quando a árvore de Natal foi acesa em Assis; o presépio foi instalado dentro de um barco, símbolo da migração do Mediterrâneo. Sobre isso, o Papa fez a tocante reflexão a seguir.

Olhando para aquele barco... Jesus está sempre conosco, inclusive nos momentos difíceis. Quantos irmãos e irmãs se afogaram no mar! Agora estão com o Senhor. Mas Ele veio para nos dar esperança, e devemos aceitar esta esperança. Veio para nos dizer que Ele é mais forte do que a morte, Ele é maior do que toda a maldade. Veio para nos dizer que é misericordioso, todo-misericordioso. E neste Natal convido-os a abrirem o coração à misericórdia, ao perdão. Mas não é fácil perdoar esses massacres. Não é fácil!

Gostaria de agradecer aos membros da Guarda Costeira: são mulheres e homens bons. Agradeço-lhes de coração, pois vocês foram instrumentos da esperança que nos traz Jesus. Vocês, entre nós, foram semeadores de esperança, da esperança de Jesus. Agradeço a todos os companheiros e a todos aqueles que esta terra italiana recebeu com tanta generosidade: o sul da Itália foi um exemplo de solidariedade para o mundo inteiro! A todos desejo que, olhando este presépio, possam dizer a Jesus: "Também eu dei a mão para que Tu fosses um sinal de esperança!".

E a todos os refugiados digo uma palavra, aquela do profeta: levantem a cabeça, o Senhor está próximo. E com Ele a força, a salvação, a esperança. O coração, talvez, esteja aflito, mas a cabeça está erguida na esperança do Senhor.

Discurso, 6 de dezembro de 2015.

METADE DO DOCE... PARA AS CRIANÇAS QUE VÃO CHEGAR

Uma criança foi apresentada para mim pelos pais. Uma criança negra, uma criança que tem cerca de 5 meses, e disseram-me: "Nasceu na embarcação perto da Sicília...". Tantas, tantas... Muitas crianças conseguem chegar, outras, não. E tudo o que vocês fizerem por essas pessoas é bom, agradeço pelo que fazem. Vocês podem dar uma contribuição especial a essa iniciativa com o seu entusiasmo e a sua oração, e eu os aconselho a acompanharem sua ação com alguma forma de renúncia, compartilhando o necessário com outros jovens carentes. A propósito da renúncia, eu gostaria de fazer uma pergunta, mas respondam os pequenos, não os adultos. Se um de vocês tem dois doces e, ao lado, o seu amigo ou sua amiga não tem nenhum, o que você faz?

[— Dou um dos meus doces — responde uma criança.]

Você dá um doce. E se você tiver um doce e o seu **amigo ou amiga** não tiver nenhum? O que você faz?

[— Dou a metade do meu doce! — responde uma criança.]

Metade! Está bem! É isso mesmo! Continue agindo assim.

Discurso, 17 de dezembro de 2015.

Você não ouve Raquel gritar?

Atualmente, como naquela época, ouvimos o grito de Raquel que chora por seus filhos porque eles deixaram de existir. É a voz de milhares de pessoas que choram enquanto fogem de guerras horríveis, de perseguições e violações dos direitos humanos, da instabilidade política ou social que frequentemente tornam impossível a vida na própria pátria. É o grito de quantos se veem obrigados a fugir para evitar as barbáries indizíveis praticadas contra pessoas indefesas, como crianças e deficientes, ou fugir para evitar o martírio por causa da simples filiação religiosa.

Como naquela época, ouvimos a voz de Jacob que, tendo sabido que havia trigo à venda no Egito, diz a seus filhos: "Descei até lá e comprai trigo para nós, a fim de nos mantermos vivos e não morrermos" (*Gn* 42, 2).

É a voz daqueles que fogem da miséria extrema pela impossibilidade de alimentar a família ou ter acesso a cuidados médicos e à instrução. Daqueles que fogem da degradação sem perspectivas de algum progresso ou mesmo por causa de alterações climáticas e de condições climáticas extremas. Infelizmente, sabe-se como a fome ainda é uma das chagas mais graves do nosso mundo, com milhões de crianças morrendo anualmente por causa dela. É triste, entretanto, constatar que, frequentemente, esses migrantes não são incluídos nos sistemas de proteção baseados em acordos internacionais.

Discurso, 11 de janeiro de 2016.

Irmãos ainda são vendidos

Atualmente, como naquela época, ouvimos a voz de Judá, irmão de José, sugerir a venda do próprio irmão. É a arrogância dos poderosos que exploram os fracos, reduzindo-os a objetos para fins egoístas ou por cálculos estratégicos e políticos. Onde é impossível uma migração regular, os migrantes são frequentemente obrigados a recorrer a quem pratica o tráfico ou o contrabando de seres humanos, embora estejam em grande parte conscientes do perigo de perder, durante o percurso, os bens, a dignidade e até mesmo a vida. Nessa perspectiva, renovo uma vez mais o apelo para deter o tráfico de pessoas, que mercantiliza os seres humanos, especialmente os mais fracos e indefesos. E permanecerão, sempre impressas de maneira indelével em nossas mentes e nossos corações, as imagens das crianças mortas no mar, vítimas de homens sem escrúpulos e da inclemência da natureza. Quem sobrevive e chega a um país que o acolhe, carrega consigo, permanentemente, as cicatrizes profundas dessas experiências, além das relacionadas aos horrores que sempre acompanham guerras e violências.

Discurso, 11 de janeiro de 2016.

O SEMBLANTE DE MARIA E DE JOSÉ É O DE QUEM EMIGRA

Penso como também a Sagrada Família de Nazaré teve que viver a experiência da rejeição no início de seu caminho: Maria "deu à luz seu filho primogênito, envolveu-O em faixas e deitou-O numa manjedoura, porque não havia lugar para eles na hospedaria" (*Lc* 2, 7). Além disso, Jesus, Maria e José experimentaram o que significa deixar a própria terra e ser migrante: ameaçados pela sede de poder de Herodes, foram forçados a fugir e refugiar-se no Egito (cf. *Mt* 2, 13-14). Mas o coração materno de Maria e o coração zeloso de José, Protetor da Sagrada Família, sempre conservaram a confiança de que Deus nunca nos abandona. Que pela intercessão deles esteja sempre firme, no coração do migrante e do refugiado, essa mesma certeza.

Mensagem para a Jornada Mundial do Migrante e do Refugiado, 2014.

A voz do anjo e os migrantes atuais

Como naquela época, também hoje se ouve o anjo repetir: "Levanta-te, toma o Menino e Sua mãe e foge para o Egito! Fica lá até que eu te avise, porque Herodes vai procurar o Menino para matá-lo" (Mt 2, 13). É a voz escutada pelos inúmeros migrantes que nunca deixariam o próprio país se a isso não tivessem sido forçados. Entre eles, há muitos cristãos que, no decurso dos últimos anos, abandonaram em grande número as suas terras, onde, no entanto, moraram desde as origens do cristianismo.

Discurso, 11 de janeiro de 2016.

Não feche os olhos ao grande movimento dos migrantes

Migrantes e refugiados não são peões no tabuleiro da humanidade. Trata-se de crianças, mulheres e homens que abandonam ou são forçados a abandonarem suas casas por diversos motivos. Todos compartilham o legítimo desejo de conhecer, de ter, mas, acima de tudo, de ser mais. É impressionante o número de pessoas que migra de um continente para o outro, bem como daqueles que se deslocam dentro dos próprios países e áreas geográficas. Os fluxos migratórios contemporâneos constituem o mais vasto movimento de pessoas, se não de povos, de todos os tempos. No caminho com migrantes e refugiados, a Igreja se empenha em compreender as causas que estão nas origens das migrações, mas também se empenha em trabalhar para superar as consequências negativas e valorizar os efeitos positivos sobre as comunidades de origem, de trânsito e de destino dos fluxos migratórios.

Mensagem para a Jornada Mundial do Migrante e do Refugiado, 2014.

AS ORAÇÕES DO PAPA FRANCISCO EM COMUNHÃO COM OS POVOS QUE SOFREM

À Virgem Mãe de Cristo e dos povos

Virgem e Mãe Maria,
tu que, movida pelo Espírito,
acolheste o Verbo da vida
na profundidade da tua fé humilde,
totalmente entregue ao Eterno,
ajuda-nos a dizer o nosso "sim"
perante a urgência, mais imperiosa do que nunca,
de fazer ressoar a Boa-Nova de Jesus.
Tu, eivada da presença de Cristo,
levaste a alegria a João o Batista,
fazendo-o exultar no seio de sua mãe.
Tu, estremecendo de júbilo,
cantaste as maravilhas do Senhor.
Tu que permaneceste firme diante da Cruz
com uma fé inabalável,
e recebeste a jubilosa consolação da ressurreição,
reuniste os discípulos na espera do Espírito
para que nascesse a Igreja evangelizadora.
Alcança-nos agora um novo ardor de ressuscitados
para levar a todos o Evangelho da vida
que vence a morte.

Dá-nos a santa audácia de procurar novos caminhos
para que chegue a todos
o dom da beleza que não se apaga.
Tu, Virgem da escuta e da contemplação,
Mãe do amor, esposa das núpcias eternas,
intercede pela Igreja, da qual és o ícone puríssimo,
para que ela nunca se feche e nunca se detenha
na sua paixão por instaurar o Reino.
Estrela da nova evangelização,
ajuda-nos a resplandecer
ao darmos testemunho da comunhão,
do serviço, da fé ardente e generosa,
da justiça e do amor aos pobres,
para que a alegria do Evangelho
chegue até os confins da Terra
e nenhuma área remota fique privada da tua luz.
Mãe do Evangelho vivo,
fonte de alegria para os pequeninos, roga por nós.
Amém. Aleluia.

Evangelii gaudium, n. 288.

Tu és um escândalo!

Senhor.
Tu és um escândalo.
Tu és um escândalo:
o escândalo da Cruz.
Uma Cruz que é humildade, brandura;
uma Cruz que nos fala da proximidade de Deus.

Discurso, 25 de julho de 2015.

QUE EM CADA CORAÇÃO SE ENCARNE A "PALAVRA"

Com o olhar voltado para o Natal já próximo, a Igreja nos convida a testemunhar que Jesus não é um personagem do passado; Ele é a Palavra de Deus que hoje continua a iluminar o caminho do homem.

Angelus, 14 de dezembro de 2014.

DEUS ESTÁ NA MESMA CONDIÇÃO EM QUE VOCÊ

"O Verbo se fez carne"— a Deus não agrada o gnosticismo. Ele quis compartilhar todas as nossas fragilidades; quis experimentar a nossa condição humana, a ponto de assumir, com a cruz, toda a dor da existência humana. Tal é a profundidade da sua compaixão e da sua misericórdia: uma humilhação para se transformar em companhia e em serviço à humanidade ferida.

Homilia, 12 de dezembro de 2015.

Se o Senhor transforma a nossa vida...

Se o Senhor Jesus transformou a nossa vida e Ele a transforma toda vez que vamos até Ele, como não sentirmos a paixão de dá-Lo a conhecer a todos aqueles que encontramos no trabalho, na escola, em nosso condomínio, no hospital, nos lugares de lazer?

Se olharmos a nosso redor, encontraremos pessoas que estariam dispostas a começar ou a recomeçar um caminho de fé se elas encontrassem cristãos que amam Jesus.

Não deveríamos e não poderíamos ser nós próprios esses cristãos?

Angelus, 6 de dezembro de 2015.

O drama diário da Encarnação

O Verbo — ou seja, a Palavra criadora de Deus — *se fez carne e veio morar entre nós* (cf. Jo 1, 14). Aquela Palavra, que habita no céu, isto é, na dimensão de Deus, veio a terra para que nós a ouvíssemos e pudéssemos conhecer e sentir concretamente o amor do Pai. O Verbo de Deus é Seu próprio Filho Unigênito, que se fez homem, pleno de amor e fidelidade, é o próprio Jesus.

O evangelista não esconde a *dramaticidade da Encarnação do Filho de Deus*, acentuando que o dom de amor de Deus não encontra acolhimento por parte dos homens. A Palavra é a luz, mas os homens preferiram as trevas; a Palavra veio entre os seus, mas eles não a acolheram. Fecharam a porta na face do Filho de Deus. É o mistério do mal que prejudica também a nossa vida e exige, de nossa parte, vigilância e atenção para não prevalecer. O livro do Gênesis traz uma bela frase que nos faz compreender isso: diz que o mal está "à espreita diante da nossa porta". Ai de nós se o deixarmos entrar; então seria ele a fechar a nossa porta a qualquer outro. Ao contrário, somos

chamados a abrir ao máximo a porta do nosso coração à Palavra de
Deus, a Jesus, para assim nos tornarmos Seus filhos.

Angelus, 3 de janeiro de 2016.

A carne de Cristo e a carne dos irmãos

O apóstolo João é claro: "Quem diz que o Verbo não se fez carne, não é de Deus! É do diabo". Ele não é dos nossos, ele é o inimigo! Porque houve a primeira heresia — digamos a palavra entre nós — e é aquela condenada pelo apóstolo: que o Verbo não veio na carne. Não! A Encarnação do Verbo está na base: é Jesus Cristo! Deus e homem, Filho de Deus e Filho do homem, verdadeiro Deus e verdadeiro homem. E desse modo o compreenderam os primeiros cristãos, e eles precisaram lutar muitíssimo para guardar esta verdade: o Senhor é Deus e homem; o Senhor Jesus é Deus feito carne. É o mistério da carne de Cristo: não se compreende o amor pelo próximo, não se compreende o amor por seu irmão, se não se compreender esse mistério da Encarnação. Amo meu irmão porque também ele é Cristo, é como Cristo, é a carne de Cristo. Eu amo o pobre, a viúva, o escravo, quem está na prisão...

Discurso, 28 de julho de 2014.

Não deixe seu coração se assemelhar a um deserto

A voz de João Batista ainda brada nos modernos desertos da humanidade, que são — quais são os desertos de hoje? — as mentes fechadas e os corações endurecidos, e provoca-nos a questionar se estamos efetivamente percorrendo o caminho justo, vivendo uma vida segundo o Evangelho. Hoje, como naquela época, ele nos admoesta com as palavras do profeta Isaías: "Preparai os caminhos do Senhor!". É um convite premente para abrir o coração e acolher a salvação que Deus nos oferece, incessantemente, quase com teimosia, porque quer que todos sejamos livres da escravidão do pecado. Mas o texto do profeta dilata aquela voz, prenunciando que "todo homem verá a Salvação de Deus". E a salvação é oferecida a cada homem e povo, sem excluir ninguém, a cada um de nós. Nenhum de nós pode dizer: "Eu sou santo, eu sou perfeito, eu já estou salvo". Não. Devemos sempre acolher a oferta da salvação.

Angelus, 6 de dezembro de 2015.

Contemple o presépio, aprenda a brandura

O presépio nos diz que Ele não se impõe pela força. Recordem bem isso, vocês, crianças e jovens: o Senhor não se impõe nunca pela força. Para nos salvar, não mudou a história realizando um milagre grandioso. Ao contrário, veio com toda a simplicidade, humildade e brandura. Deus não ama as revoluções imponentes dos poderosos da história nem utiliza a varinha mágica para mudar as situações. Ao contrário, faz-se pequenino, faz-se criança, para atrair-nos com amor, comovendo nossos corações com a Sua bondade humilde; para abalar, com a Sua pobreza, quantos se dedicam a acumular os falsos tesouros deste mundo.

Também essas eram as intenções de São Francisco quando inventou o presépio. Ele — narram as *Fontes Franciscanas* — desejava "relembrar o nascimento daquele Menino que nasceu em Belém" para conseguir, "de alguma forma, tornar visíveis, aos olhos do corpo, as dificuldades que Ele enfrentou pela falta das coisas necessárias a um recém-nascido". De fato, naquela cena "honra-se a simplicidade, exalta-se a pobreza, louva-se a humildade" (468-469). Então, eu os convido a se deterem diante do presépio, porque ali a ternura de Deus nos fala. Ali se contempla a misericórdia divina, que se fez carne humana e pode enternecer nossos olhares.

Discurso, 18 de dezembro de 2015.

O Evangelho não é para os "intelectuais"

Consideremos o "protocolo" segundo o qual seremos julgados: Mateus 25. Amo a todos eles, porque estas pessoas que sofrem são a carne de Cristo, e a nós, que estamos neste caminho da unidade, fará bem tocar a carne de Cristo. Ir às periferias, exatamente onde há tantas necessidades, ou, digamos de uma forma mais precisa, há muitos necessitados... Que têm necessidade de Deus, que têm fome — mas não de pão, eles têm muito pão; têm necessidade de Deus! E ir lá para contar a seguinte verdade: Jesus Cristo é o Senhor e Ele salva você. Mas ir sempre para tocar a carne de Cristo! Não se pode pregar um Evangelho puramente intelectual: o Evangelho é verdade, mas é também amor e beleza! E esta é a alegria do Evangelho! É exatamente esta a alegria do Evangelho.

Discurso, 28 de julho de 2014.

Reencontre a audácia!

O cristão deve caminhar! Há cristãos que caminham, mas não na presença de Jesus: é importante rezar por esses irmãos e irmãs. Também por nós, quando, em certos momentos, não caminhamos na presença de Jesus, pois todos nós somos pecadores, todos! Se alguém não é pecador, que levante a mão... Caminhar na presença de Jesus.

Cristãos parados: isso faz mal, porque aquilo que está parado, o que não caminha, corrompe-se. Como a água parada, que é a primeira água a se corromper, a água que não corre... Há cristãos que confundem caminhar com "vaguear". Eles não são "caminhantes", são "errantes" e vagueiam sem destino na vida. Eles estão no labirinto e lá eles vagueiam, eles vagueiam... Falta-lhes a *parresia,* a audácia de seguir em frente; falta-lhes a esperança. Os cristãos sem esperança vagueiam pela vida; eles não conseguem ir em frente. Somente estamos seguros quando caminhamos na presença do Senhor Jesus. Ele nos ilumina, Ele nos dá Seu espírito para caminhar bem.

Discurso, 28 de julho de 2014.

Deixe-se invadir pelo amor

A manifestação do Filho de Deus na terra assinala o início do grande tempo da misericórdia, depois de o pecado ter fechado os céus, elevando como que uma barreira entre o ser humano e seu Criador. Com o nascimento de Jesus, abrem-se os céus! Deus concede-nos, em Cristo, a garantia de um amor indestrutível. Desde que o Verbo se fez carne é possível ver os céus abertos. Foi possível para os pastores de Belém, para os Magos do Oriente, para São João Batista, para os apóstolos de Jesus, para Santo Estêvão, o primeiro mártir, que exclamou: "Estou vendo o céu aberto..." (*At* 7, 56). E será possível também, para cada um de nós, se nos deixarmos invadir pelo amor de Deus, que nos é concedido pela primeira vez no batismo por meio do Espírito Santo. Deixemo-nos invadir pelo amor de Deus! Este é o grande tempo da misericórdia! Não esqueçam: este é o grande tempo da misericórdia!

Angelus, 12 de janeiro de 2014.

Um exame de consciência sobre a liberdade e a escravidão

"Este é o motivo pelo qual o Verbo se fez homem e o Filho de Deus, Filho do homem: para que o homem, entrando em comunhão com o Verbo e recebendo assim a filiação divina, se tornasse filho de Deus."

Simultaneamente, o próprio dom pelo qual damos graças é também motivo de exame de consciência, de revisão da vida pessoal e comunitária, de nos perguntarmos: como é o nosso modo de viver? Vivemos como filhos ou como escravos? Vivemos como pessoas batizadas em Cristo, ungidas pelo Espírito, redimidas, livres? Ou vivemos segundo a lógica mundana, corrompida, fazendo o que o diabo nos faz acreditar que seja do nosso interesse? Sempre existe no nosso caminho existencial uma tendência a resistir à libertação; temos medo da liberdade e, paradoxalmente, preferimos a escravidão de maneira mais ou menos inconsciente. A liberdade nos assusta porque nos põe diante do tempo e diante da nossa responsabilidade de vivê-lo bem. A escravidão, ao contrário, reduz o tempo a um "momento" e assim nos sentimos mais seguros, isto é, nos faz viver momentos desconectados do seu passado e do nosso futuro. Em outras palavras, a escravidão nos impede de viver plena e realmente o presente, porque ela o esvazia do passado e fecha-o ao futuro, à eternidade. A escravidão nos faz crer que não podemos sonhar, voar, esperar.

Homilia, 31 de dezembro de 2014.

Deixe que Deus faça

Tudo é dom gratuito de Deus, tudo é graça, tudo é dom do Seu amor por nós. O arcanjo Gabriel chama Maria "cheia de graça" (*Lc* 1, 28): nela não há lugar para o pecado, porque Deus a escolheu desde sempre como mãe de Jesus e preservou-a do pecado original. E Maria corresponde à graça e a ela se abandona dizendo ao anjo: "Faça-se em mim segundo a tua Palavra" (v. 38). Não diz: "Farei segundo a tua Palavra". Não! Mas: "Faça-se em mim...". E o Verbo fez-se carne no seu ventre. Também a nós é pedido que ouçamos a Deus que nos fala e que acolhamos a Sua vontade; segundo a lógica evangélica, nada é mais ativo e fecundo do que ouvir e acolher a Palavra do Senhor, que vem do Evangelho, da Bíblia. O Senhor fala-nos sempre!

A atitude de Maria de Nazaré mostra-nos que o *ser* vem antes do *fazer*, e que é preciso *deixar* Deus *fazer* para *ser* verdadeiramente como Ele quer. É Ele que faz em nós tantas maravilhas. Maria é receptiva, mas não passiva. Assim como, no âmbito físico, recebe o poder do Espírito Santo, mas depois doa carne e sangue ao Filho de Deus que se forma nela, no âmbito espiritual, acolhe a graça e a ela corresponde com a fé.

Por isso Santo Agostinho afirma que a Virgem "concebeu primeiro no coração e depois no ventre". Concebeu primeiro a fé e depois o Senhor. Esse mistério do acolhimento da graça, que em Maria, por um privilégio único, era sem o obstáculo do pecado, é uma possibilidade para todos.

Angelus, 8 de dezembro de 2014.

Viva bem na sua terra

Para nos permitir conhecê-Lo, acolhê-Lo e segui-Lo, o Filho de Deus assumiu a nossa carne e, assim, a Sua visão do Pai ocorreu também de modo humano, através de um caminho e de um percurso no tempo. A fé cristã é fé na Encarnação do Verbo e na sua Ressurreição na carne; é fé num Deus que se fez tão próximo a ponto de entrar na nossa história. Longe de nos divorciar da realidade, a fé no Filho de Deus feito homem em Jesus de Nazaré permite-nos compreender o seu significado mais profundo e descobrir quanto Deus ama este mundo e orienta-o sem cessar para si. E isso leva o cristão a comprometer-se, a viver de modo ainda mais intenso o caminho na terra.

Lumen fidei, n. 18.

Jesus passa perto do seu coração

E Jesus passa. De fato, o mistério do nascimento de Jesus, em Belém, ocorrido historicamente há mais de dois mil anos, atualiza-se, enquanto evento espiritual, no "hoje" da liturgia. O Verbo, que encontrou morada no ventre virginal de Maria, vem bater novamente no coração de cada cristão na celebração de Natal: passa e bate. Cada um de nós é chamado a responder, como Maria, com um "sim" pessoal e sincero, colocando-se plenamente à disposição de Deus, de Sua misericórdia, de Seu amor. Quantas vezes Jesus passa na nossa vida e quantas vezes Ele nos envia um anjo, e quantas vezes nós não percebemos isso porque estamos de tal modo tomados, imersos em nossos pensamentos, em nossos afazeres e, até mesmo, nos dias atuais, nos nossos preparativos de Natal, que não percebemos que Ele passa e que bate à porta de nosso coração, pedindo acolhimento, pedindo um "sim" como aquele de Maria. Um santo dizia: "Tenho medo de que o Senhor passe". Sabem por que ele tinha medo? Tinha medo de não perceber e deixá-Lo ir embora. Quando ouvimos em nosso coração: "Eu gostaria de ser melhor, melhor... Eu lamento o que fiz...". Esse é verdadeiramente o Senhor que bate. Ele faz você sentir isso: a vontade de ser melhor, a vontade de ficar mais próximo dos outros, de Deus. Se você sente isso, detenha-se. Esse é o Senhor! E vá rezar ou talvez se confessar, limpar-se um pouco... Isso será bom. Mas lembre-se bem: se você sente vontade de se tornar melhor, é Ele que bate à porta: não O deixe ir embora!

Angelus, 21 de dezembro de 2014.

A luz verdadeira vem para você

Hoje o Filho de Deus nasceu: tudo muda. O Salvador do mundo vem para se tornar participante da nossa natureza humana: já não estamos sós e abandonados. A Virgem nos oferece seu Filho como princípio de vida nova. A verdadeira luz vem iluminar a nossa existência, muitas vezes encerrada na sombra do pecado. Hoje descobrimos novamente quem somos! Nesta noite torna-se manifesto para nós o caminho a percorrer para alcançar a meta. Agora, deve cessar todo medo e pavor, porque a luz nos indica a estrada para Belém. Não podemos permanecer inertes. Não nos é permitido ficar parados. Devemos ir ver o nosso Salvador deitado numa manjedoura. Eis o motivo do júbilo e da alegria: este Menino "nasceu *para nós*", "nos foi dado", como anuncia Isaías (9, 5). A um povo que, há dois mil anos, percorre todas as estradas do mundo para tornar cada ser humano participante dessa alegria é confiada a missão de dar a conhecer o "Príncipe da paz" e tornar-se Seu instrumento eficaz em meio às nações.

Homilia, 24 de dezembro de 2015.

Alegre-se: com você, Deus se alegra

"O Senhor teu Deus está a teu lado [...]! Por tua causa Ele está contente e alegre, apaixonado de amor por ti, por tua causa está saltando de alegria" (*Sf* 3, 17). Essas palavras do profeta Sofonias, destinadas a Israel, podem ser dirigidas também à nossa Mãe, a Virgem Maria, à Igreja e a cada um de nós, à nossa alma, amada por Deus com amor misericordioso. Sim, Deus ama-nos a ponto de se rejubilar e regozijar-se juntamente conosco. Ama-nos com um amor gratuito, sem limites, sem esperar nada em troca. Ele não gosta do pelagianismo. Esse amor misericordioso é o atributo mais surpreendente de Deus, a síntese na qual está resumida a mensagem evangélica, a fé da Igreja.

Homilia, 12 de dezembro de 2015.

O QUE VOCÊ FAZ A OUTRO, FAZ A ELE!

Da contemplação jubilosa do mistério do filho de Deus, que nasceu para nós, podemos fazer duas considerações.

A primeira consideração é que se no Natal Deus se revela não como alguém que está no alto e domina o universo, mas como Aquele que se abaixa, desce a terra pequenino e pobre, isso significa que, para sermos semelhantes a Ele, não devemos colocar-nos acima dos outros, mas, ao contrário, abaixarmo-nos, colocarmo-nos a Seu serviço, tornarmo-nos pequeninos com os pequeninos, pobres com os pobres. É triste quando vemos um cristão que não quer se abaixar, que não quer servir. Um cristão que se pavoneia em todo lugar é muito feio: ele não é cristão; ele é pagão. O cristão serve, abaixa-se. Façamos com que esses nossos irmãos e irmãs nunca se sintam sozinhos!

A segunda consideração: se Deus, por meio de Jesus, comprometeu-se com o homem a ponto de se tornar um de nós, isso significa que tudo que fizermos a um irmão ou a uma irmã, a Ele o fazemos. O próprio Jesus nos recordou: quem alimentar, acolher, visitar e amar um dos mais pequeninos e dos mais pobres entre os homens, ao Filho de Deus terá feito isso.

Audiência geral, 18 de dezembro de 2013.

Deus está perto de você, como um menino

O Natal é precisamente a festa da presença de Deus que vem no meio de nós para nos salvar. O nascimento de Jesus não é uma fábula! É uma história que realmente aconteceu, em Belém, há dois mil anos. A fé nos faz reconhecer naquele menino, nascido da Virgem Maria, o verdadeiro Filho de Deus que, por amor a nós, fez-se homem.

No semblante do pequeno Jesus contemplamos o semblante de Deus, que não se revela na força e no poder, mas na debilidade e na fragilidade de um recém-nascido. Assim é o nosso Deus, Ele se aproxima muito, na forma de um menino. Este menino mostra a fidelidade e a ternura do amor ilimitado com o qual Deus envolve cada um de nós. Por isso festejemos o Natal, revivendo a mesma experiência dos pastores de Belém e junto a tantos pais e mães que labutam todos os dias enfrentando muitos sacrifícios; junto com os pequeninos, os doentes, os pobres, festejemos, porque é a festa do encontro de Deus conosco em Jesus.

Discurso, 20 de dezembro de 2013.

Você tem os mesmos sentimentos de Jesus?

João Batista pregava um "batismo de conversão para o perdão dos pecados" (*Lc* 3, 3). E talvez nós nos perguntemos: "Por que devemos nos converter? A conversão diz respeito a quem de ateu se torna crente, de pecador se faz justo, mas nós não precisamos, nós já somos cristãos! Portanto conosco já está tudo em ordem". E isso não é verdade. Pensando assim, não percebemos que é justamente por causa desta presunção — de que somos cristãos, somos todos bons, de que tudo já está resolvido para nós — que devemos nos converter: pela suposição de que, tudo somado, está tudo bem assim e não precisamos de nenhuma conversão. Mas experimentemos questionar-nos. É mesmo verdade que nas várias situações e circunstâncias da vida temos em nós os mesmos sentimentos de Jesus? É verdade que sentimos do mesmo modo como Jesus sente? Por exemplo, quando sofremos alguma injustiça ou alguma afronta, conseguimos reagir sem animosidade e perdoar de coração a quem nos pede desculpas? Como é difícil perdoar! Quanto é difícil! "Você vai me pagar!" Estas palavras vêm de dentro! Quando somos chamados a compartilhar alegrias ou dores, sabemos sinceramente chorar com quem chora e nos alegrar com quem está alegre? Quando devemos exprimir a nossa fé, sabemos fazê-lo com coragem e simplicidade, sem nos envergonharmos do Evangelho? E assim podemos fazer-nos muitas perguntas. Não está tudo já resolvido para nós, devemos nos converter sempre, ter os sentimentos que Jesus tinha.

Angelus, 6 de dezembro de 2015.

SEJA A TERRA QUE RECEBE A SUA SEMENTE

O coração do homem deseja a alegria. Todos desejamos a alegria, toda família, todo povo aspira à felicidade. Mas qual é a alegria que o cristão é chamado a viver e a testemunhar? É aquela que vem da *proximidade de Deus*, de Sua *presença* em nossa vida. Desde que Jesus entrou na história, com o Seu nascimento em Belém, a humanidade recebeu o germe do Reino de Deus, como um terreno que recebe a semente, promessa da futura colheita.

Angelus, 14 de dezembro de 2014.

TODOS PODEMOS ENCONTRAR O SENHOR

No Evangelho, a narração dos Magos, que foram do Oriente até Belém para adorar o Messias, confere à festa da Epifania uma dimensão de universalidade. E esta é a dimensão da Igreja, a qual deseja que *todos os povos da Terra possam encontrar Jesus,* ter a experiência de Seu amor misericordioso. É este o desejo da Igreja: que todos possam encontrar a misericórdia de Jesus, o Seu amor.

Cristo acabou de nascer, ainda não sabe falar, e todas as pessoas — representadas pelos Magos — já O podem encontrar, reconhecer, adorar. Dizem os Magos: "Vimos a sua estrela no Oriente e viemos adorá-Lo" (*Mt* 2, 2). Herodes ouviu isso logo que os Magos chegaram a Jerusalém. Esses Magos eram homens de prestígio, de regiões distantes e culturas diversas, e haviam se encaminhado para a terra de Israel para adorar o Rei que nascera. Desde sempre a Igreja viu nos Magos a imagem da humanidade inteira, e, com a celebração da festa da Epifania, quer praticamente indicar, respeitosamente, a cada homem e a cada mulher deste mundo, o Menino que nasceu para a salvação de todos.

Angelus, 6 de janeiro de 2016.

Deixe-se abraçar!

Quando ouvirmos falar do nascimento de Cristo, permaneçamos em silêncio e deixemos que seja aquele Menino a falar; gravemos no nosso coração as Suas palavras, sem afastar o olhar do Seu rosto. Se O tomarmos em nossos braços e nos deixarmos abraçar por Ele, Ele nos trará a paz do coração que nunca terá fim. Este Menino nos ensina aquilo que é verdadeiramente essencial na nossa vida. Nasce na pobreza do mundo, porque para Ele e a Sua família não há lugar na hospedaria. Encontra abrigo e proteção num estábulo e é deitado numa manjedoura para animais. Contudo, a partir desse nada, emerge a luz da glória de Deus. A partir daqui, para os homens de coração simples, começa o caminho da verdadeira libertação e do resgate perene. Deste Menino, que traz impressos no Seu rosto os traços da bondade, da misericórdia e do amor de Deus Pai, origina-se — em todos nós, seus discípulos, como ensina o apóstolo Paulo — a vontade de "renunciar à impiedade" e à riqueza do mundo, para vivermos "com ponderação, justiça e piedade" (*Tt* 2,12).

Homilia, 24 de dezembro de 2015.

Aprenda o essencial!

Numa sociedade frequentemente embriagada pelo consumo e pelo prazer, pela abundância e pelo luxo, pela aparência e pelo narcisismo, Jesus Menino nos chama para um comportamento *sóbrio*, isto é, simples, equilibrado, linear, capaz de captar e viver o essencial. Num mundo que, demasiadas vezes, é duro com o pecador e brando com o pecado, há necessidade de cultivar um forte sentido de justiça, de buscar e pôr em prática a vontade de Deus. Dentro de uma cultura da indiferença, que não raramente acaba por ser impiedosa, que o nosso estilo de vida seja, ao contrário, pleno de *piedade*, empatia, compaixão, misericórdia, provenientes, diariamente, da fonte da oração.

Como para os pastores de Belém, que possam também os nossos olhos se encher de admiração e deslumbramento, contemplando no Menino Jesus o Filho de Deus. E, diante Dele, que jorre em nossos corações a invocação: "Mostra-nos, Senhor, a Tua misericórdia e dá-nos a Tua salvação" (*Sl* 84, 8).

Homilia, 24 de dezembro de 2015.

Não procure em outro lugar

Já não é preciso procurar em outro lugar! Jesus veio trazer a alegria para todos e para sempre. Não se trata de uma alegria somente esperada ou adiada para o Paraíso: aqui na terra somos tristes, mas no Paraíso seremos jubilosos. Não! Não é essa, mas uma alegria já real e que pode ser experimentada agora, porque o *próprio Jesus é a nossa alegria*, com Jesus a alegria está em casa. Digamos, todos: "Com Jesus temos a alegria em casa". Outra vez: "Com Jesus temos a alegria em casa". E sem Jesus há alegria? Não!

Angelus, 14 de dezembro de 2014.

Não "aceite tudo", aceite a carne de Jesus

Todo espírito que reconhece Jesus Cristo feito carne é de Deus; e todo espírito que não reconhece Jesus, não é de Deus. Este é o espírito do anticristo que, como vocês ouviram, vem, aliás já está no mundo.

É simples assim: se aquilo que você deseja ou aquilo que você pensa o leva pelo caminho da Encarnação do Verbo, do Senhor feito carne, significa que vem de Deus; mas se não o leva por aquele caminho, então não vem de Deus. Rebaixamento, humildade e até mesmo humilhação: essa é a estrada de Jesus Cristo.

Se um pensamento o leva ao caminho da humildade, do rebaixamento, do serviço aos outros, ele é de Jesus; mas se o leva à estrada da altivez, da vaidade, do orgulho ou à estrada de um pensamento abstrato, não é de Jesus... As três propostas que o demônio fez a Jesus eram propostas que pretendiam distanciá-Lo desse caminho, do caminho do serviço, da humildade, da humilhação, da caridade feita com sua vida.

Pensemos nisso. Vai nos fazer bem. Em primeiro lugar: o que se passa em meu coração? O que penso? O que sinto? Presto atenção ao que vem e vai ou deixo tudo passar? Sei o que quero? Ponho à prova aquilo que quero, o que desejo? Ou simplesmente aceito tudo?

Homilia em Santa Marta, 7 de janeiro de 2014.

OREMOS COM O PAPA FRANCISCO PELA CONVERSÃO DO CORAÇÃO

O Papa Francisco é devoto particularmente de três santos que guiaram o seu caminho pessoal de conversão: Inácio de Loyola, fundador da Companhia de Jesus, à qual o Papa pertence; Francisco de Assis, do qual tomou o nome; Teresa do Menino Jesus e da Sagrada Face, cuja autobiografia o acompanha sempre, na sua valise, nas suas viagens. Aqui estão três orações que certamente marcaram o percurso espiritual do crente Bergoglio e com as quais podemos nos sentir unidos a ele.

ALMA DE CRISTO
(SANTO INÁCIO DE LOYOLA)

Alma de Cristo, santifica-me.
Corpo de Cristo, salva-me.
Sangue de Cristo, inebria-me.
Água do dorso de Cristo, lava-me.
Paixão de Cristo, conforta-me.
Ó, Bom Jesus, ouve-me.
Nas Tuas chagas, esconde-me.
Não permitas que eu me separe de Ti.
Do inimigo, defende-me.
Na hora da minha morte, chama-me,
e manda-me ir até Ti,
para que eu Te louve com os Teus Santos,
pelos séculos dos séculos.

Cântico das criaturas
(São Francisco de Assis)

Altíssimo, onipotente, bom Senhor,
Teus são o louvor, a glória e a honra
e toda a benção.
Só a Ti, Altíssimo, são devidos;
e homem algum é digno de Te mencionar.
Louvado sejas, meu Senhor, com todas as Tuas criaturas,
especialmente o senhor irmão sol,
que, com luz, ilumina o dia e a nós.
E ele é belo e radiante
com grande esplendor,
de Ti, Altíssimo, carrega significação.
Louvado sejas, meu Senhor, pela irmã lua e pelas estrelas,
que no céu formaste claras e preciosas e belas.
Louvado sejas, meu Senhor, pelo irmão vento,
e pelo ar e pelas nuvens e pelo sereno e todo o tempo,
pelo qual às Tuas criaturas dás sustento.
Louvado sejas, meu Senhor, pela irmã água,
a qual é muito útil e humilde e preciosa e casta.
Louvado sejas, meu Senhor, pelo irmão fogo
pelo qual iluminas a noite,
e ele é belo e jucundo e robusto e forte.
Louvado sejas, meu Senhor, por nossa irmã mãe terra
que nos sustenta e governa,
e produz diversos frutos, flores coloridas e ervas.

Louvado sejas, meu Senhor,
pelos que perdoam por Teu amor,
e suportam enfermidades e tribulações.
Bem-aventurados aqueles que sustentam a paz,
porque por Ti, Altíssimo, serão coroados.
Louvado sejas, meu Senhor, pela nossa irmã
morte corporal,
da qual homem algum pode escapar.
Infelizes aqueles que morrem em pecado mortal;
bem-aventurados os que ela encontrar
em Tua santíssima vontade,
porque a segunda morte não lhes fará mal!
Louva e bendiz a meu Senhor,
e agradece e serve-O com grande humildade.

Ato de consagração à Sagrada Face
(Santa Teresa do Menino Jesus)

Ó, Face adorável de Jesus, uma vez que Tu Te dignaste a escolher particularmente nossas almas para doar-Te a elas, nós viemos consagrá-las a Ti!...

Parece-nos, ó Jesus, Te ouvirmos dizer para nós: "Abram-me, minhas irmãs, minhas esposas bem-amadas, pois minha Face está coberta de orvalho e meus cabelos estão úmidos pela neblina da noite".

Nossas almas compreendem a Tua linguagem de amor: nós queremos enxugar a Tua terna Face e consolar-Te do esquecimento dos maus: a seus olhos Tu ainda estás oculto e eles Te consideram como um objeto de desprezo!...

Ó, Face mais bela do que os lírios e as rosas da primavera, Tu não estás oculto a nossos olhos! As lágrimas que velam Teu divino olhar nos parecem preciosos diamantes que queremos recolher a fim de comprar, com seu valor infinito, as almas de nossos irmãos. De Tua boca adorada nós ouvimos o lamento amoroso: compreendendo que a sede que Te consome é uma sede de amor, gostaríamos de ter um amor infinito para apaziguar Tua sede!

Esposo amado e dileto de nossas almas, se nós tivéssemos o amor de todos os corações, todo esse amor seria Teu!... Pois bem, dá-nos esse amor e vinde apaziguar Tua sede por meio de Tuas pequenas esposas!...

Almas, Senhor, precisamos de almas!...

Especialmente das almas de apóstolos e mártires a fim de que, com eles, possamos inflamar, com Teu amor, a multidão dos pobres pecadores.

Ó, Face Adorável, nós saberemos obter de Ti essa graça! Esquecendo nosso exílio às margens dos rios da Babilônia, cantaremos para Teus ouvidos as mais doces melodias. Uma vez que Tu és a verdadeira Glória infinita, o único desejo nosso é encantar os Teus olhos divinos escondendo também o nosso rosto, a fim de que, aqui embaixo, ninguém nos possa reconhecer... O Teu olhar velado, eis o nosso Céu, ó Jesus!...

Índice de orações

Todo dia é Natal
As orações do Papa Francisco para o dia de Natal 14

Toda família tem sua casa em Nazaré
As orações do Papa Francisco "em família" 30

Toda criança tem o semblante do amor
As orações do Papa Francisco para conservar a infância espiritual ... 49

Que toda mãe seja mulher de dizer "Eis-me aqui!"
As orações do Papa Francisco à Mãe de Deus 61

Toda dor oculta uma esperança
As orações do Papa Francisco para não perder a esperança 75

Toda dor moral requer paciência
As orações do Papa Francisco por um mundo à espera de renovação 88

Que todo conflito traga uma semente de perdão
As orações do Papa Francisco pela paz e pela unidade 104

Todo caminhante tem a sua estrela
As orações do Papa Francisco por aqueles que estão em busca 121

Todo nômade deseja uma terra
As orações do Papa Francisco em comunhão com os povos que sofrem ... 134

Que em cada coração se encarne a "Palavra"
Oremos com o Papa Francisco pela conversão do coração 153

1ª edição	Outubro de 2017
papel de miolo	Pólen Soft 70g/m²
papel de capa	Cartão Supremo 250g/m²
tipografia	Dante MT Std
gráfica	RR Donnelley